KB253327

공부하는 부모가

공부 잘하는
자녀를 만든다

공부하는 부모가

공부 잘하는
자녀를 만든다

초판 1쇄 | 2006년 12월 27일

지은이 | 전도근
펴낸이 | 채주희
펴낸곳 | 해피&북스
출판등록 | 제 10-1562호(1985. 10. 29)
주소 | 서울특별시 마포구 합정동 433-62
전화 | 02-323-4060, 02-322-4477
팩스 | 02-323-6416, 080-088-7004
이메일 | elman 1985@hanmail.net

ISBN 89-5515-340-6 03360
*책 값은 뒷표지에 있습나다.

공부하는 부모가

공부 잘하는 자녀를 만든다

전도근 지음

해피&북스

차례

머리말 ‖13

공부에 대한 오해와 편견이 자녀를 망친다

학원이 오히려 공부를 못하게 하는 원인이 될 수 있다. ‖19

공부 방법에 왕도는 없다. ‖23

꿈이 없는 공부는 고문이다. ‖25

대학 졸업식이 실업자 입학식이 되는 세상. ‖28

독서는 성공의 지름길. ‖32

전략 없는 고학력은 삶의 무게만 무겁게 한다. ‖35

공부를 안 하면 먹고 살 수는 있어도 성공할 수는 없다. ‖38

학벌 있는 나라, 우리나라 슬픈 나라. ‖41

사회는 멀티플레이어를 원한다. ‖45

공부는 평생 해야 한다. ‖48

자녀 교육에 기적은 없다. ‖50

공부를
안 하는 부모

학생 때는 공부 많이 하는 나라, 성인이 되면 공부안 하는 나라. 57

우리는 왜 공부가 싫은가. 59

당신의 경제 수명 얼마나 남았나. 63

노인이 되면 다시 공부를 요구하는 사회. 64

미래는 벼룩만 살아남는다. 69

직장인도 살아남으려면 샐러던트가 되어야 한다. 71

미래가 두렵다면 공부밖에 없다. 73

창업도 공부해야 성공한다. 78

자녀 교육에 올인하면 부모 인생은 없다. 80

공부를 못하는
자녀를 둔
부모에게

공부를 못하는 자녀도 인간이다. 87

자녀가 공부를 못하면 집안이 우울해진다. 90

공부 잘하는 자녀와 못하는 자녀의 차이점. 94

공부 못하는 자녀는 가정에서 만든다. 95

공부 잘하는 자녀를 만들려면 부모의 솔선수범이 먼저다. 98

공부의 중요성을 알려주지 못하면 가난을 물려주는 것과 같다. 101

효자 중에는 공부를 못하는 사람도 많다. 103

한 우물만 파면 금방 말라 버린다. 106

우리 아이만 공부를 못하는 게 아닌데. 110

빈대 잡으려다 초가삼간 태운다. 112

부모는 자녀를 얼마나 알고 있는가. 114

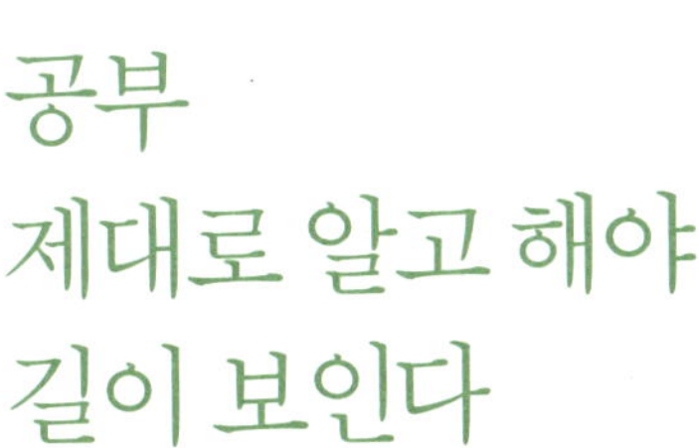

공부
제대로 알고 해야
길이 보인다

공부가 도대체 무엇이기에. 123

공부에는 목적이 있어야 한다. 125

공부는 실질적인 것이 아니라 이상적이다. 128

지금은 교육 받는 시대가 아닌 학습하는 시대 130

공교육이 붕괴된 데에는 학부형의 잘못이 크다. 132

학습은 희망이다. 134

학습은 기쁨이다. 136

학습은 즐거움이다. 139

학습은 힘이다. 141

세상은 배운 만큼 보인다. 144

우리 아이 성공하는 아이 만들기

공부를 잘하려면 정확한 비전과 목표를 가져야 한다. 151

전략이 있어야 가는 길이 멀지 않다. 153

일단 계획을 세우면 반은 성공한 것이다. 154

성공은 시간 관리가 생명이다. 156

반복만큼 좋은 공부 방법은 없다. 159

아이와 관계를 좋게 하는 대화 방법. 160

우리 아이 공부 잘하는 아이로 만드는 방법. 164

우리 아이에게 무엇을 남겨 줄 것인가

최선을 다하면 안 되는 일이 없다는 것을 알려주자. 171

노력은 지능을 능가한다는 것을 알려주자. 175

쉽게 성공하게 시키려면 성공한 사람을 찾아 따라하게 하자. 179

아이를 성공하게 시키려면 멀티플레이어형 인간으로 키워자. 181

아이를 성공하게 시키려면 지식을 그리워하게 하자. 185

공부는 밥 먹는 것처럼 평생 하는 것이라고 알려주자. 187

부모의 품은 영원한 안식처임을 알려주자. 190

공부 잘하는 아이보다 버릇 좋은 아이로 키우자. 193

삶의 지혜를 길러주자. 200

우리 아이에게는
어떤 직업이
좋을까

직업 선택에는 전략이 필요하다. 205

적성은 중요하지 않다. 207

미래를 읽으면 유망 직업이 보인다. 209

좋은 직업을 갖게 하려면 부모가 먼저 알아야 한다. 211

좋은 직업을 갖게 하려면 아이를 정확히 파악해야 한다. 217

기업에 취직하려면 조건에 맞는 경력 개발이 필요하다. 219

기업에 성공적인 취업을 위해 준비해야 하는 필수 조건. 222

성공하려면 트렌드를 정확히 읽어야 한다. 226

미래의 유망 직업, 이런 것이 뜬다. 229

상황이 어려울 땐 눈높이를 낮추어야 한다. 232

취업은 스스로 찾아오지 않는다. 235

참고 문헌 239

우리는 학창 시절 부모로부터 매일같이 공부 열심히 하라는 소리를 귀가 따갑도록 들어왔으며, 성인이 되어서는 우리의 자녀에게 귀가 따갑도록 공부하라고 하고 있다. 우리의 자녀 또한 성인이 되어 그들의 자녀에게 귀가 따갑도록 공부하라고 할 것이다. 도대체 공부가 무엇이기에 무엇 때문에 우리는 이런 전철을 계속 밟고 있는걸까? 사람들이 공부를 끝까지 열심히 잘하지 않는 가장 중요한 이유는 왜 공부를 열심히 해야 하는지에 대한 분명한 이유와 목적을 모르고 있기 때문이다.

현대를 사는 학생들이나 학부형들에게 "공부가 무엇인가?"에 대한 질문을 한다면 과연 그들은 어떠한 답변을 할까? 공부를 왜 해야 하는지를 정확히 모르는 사람들이라면, 공부하라는 부모나 그것을 듣는 학생은 공부를 왜 해야 하는지를 모르고 공부를 하며, 시키며 있다는 것을 의미한다. 보통의 사람이라면 시험을 잘 보려고 또는 좋은 대학이나 좋은 직장을 얻기 위해서라고 할지도 모른다.

그래서 그런지 요즘의 학생들은 대학만 가면, 직장에만 취직하면 공부가 지긋지긋하다고 생각하여 공부를 그만두는 현상들이 일어나고 있다. 한 일간지에서 설문 조사를 했다. '중 고등학교 시절로 돌아간다면 제일 하고 싶은 일은 무엇인가?' 66.9%를 차지한 것은 "공부를 하고 싶다."였다. 그렇지만 "지금도 나는 공부가 지겹다."라고도 했다. 이러한 원인은 공부가 무엇인지를 모를뿐더러, 공부를 원대한 목표로 갖지 못한 결과라고 할 수 있다.

그래도 사회가 공부를 원하는 시대니까 공부는 해야 한다고 생각하여 학생과 학부모의 관심은 온통 공부를 잘하는 방법에 쏠려 있다. 서점에 가면 공부 방법에 대한 책은 수도 없이 나와 있는 것을 보면 사람들의 주된 관심이 어디에 있는지를 알 수 있다. 나름대로 다들 설득력 있는 방법으로 공부하는 방법이나 전략을 다루고 있다. 수많은 책이 제시해주는 대로 공부를 모든 사람이 해나간다면 우리나라에는 공부를 못하는 학생이 하나도 없어야 한다. 그러나 아이러니하게도 그렇게 많은 책이 공부잘하는 비법을 알려주지만 우리 주위에는 공부를 잘하는 학생보다는 공부하기 싫어하고 공부를 못하는 학생이 더 많다는 게 사실이다.

성공한 사람들의 공부 방법도 나름대로 자신의 목표와 체질에 맞아야 한다. 목표와 체질에 맞지 않는 공부 방법을 무작정 따라서 하기만 하다면 오히려 학생들은 혼란만 더욱 느끼게 될 것이고 본인의 무능력을 한탄하게 될 것이다. 결국 이 세상에 공부를 잘하는 왕도는 없다. 수많은 공부를 잘하는 사람들과 공부로 성공한 사람들의 결론은 공부를 잘하는 방법은 온 힘을 다해서 열심히 하는 수밖에 없다는 것이다. 공부를 잘하는 전략은 있을 수 있어도 공부를 잘하는 방법은 없다는 것이다.

현대인들은 소득 수준의 향상과 여가의 증가 덕에 개인의 자아실현과 질 높은 삶에 대한 욕구가 점차 높아 가고 있다. 이러한 사회적인 갈망은 결국 공부라는 형태로 밖에는 해결할 수가 없다. 더욱이 오늘날처럼 과학 기술의 발전은 사회를 계속 변화시키고 새로운 정보들을 매일 쏟아 내어 지식의 수명을 단축하게하고 있다. 직업생활 등에 있어서도 학교 교육으로 습득한 지식이나 기술만으로는 대응할 수 없게 되었고, 변화하는 사회에 적극적으로 적응하고 사회활동을 하려면 새로운 사회에 맞는 지식을 습득해야만 하고 이에 따라 우리는 공부를 평생 할 수밖에 없는 환경이 되어 버린 것이다. 이러한 시대에 생존 전략은 바로 학습은 즐거운 것이고 학습을 통해서만 꿈을 이룰 수 있고, 학습을 통해서만 미래를 살 수 있다는 것을 깨달아야 한다.

부디 이 책을 통해 희망을 잃은 현대인들에게는 희망을 얻을 수 있기를, 공부를 하지 않는 성인들은 공부하려는 마음이 생기기를, 공부를 하기 싫은 학생들에게는 공부가 정말 필요한 것이라는 생각을 하도록, 공부를 해도 성공으로 연결되지 못한 분들은 공부를 해서 성공으로 연결되기를, 공부를 하고 있지만 길이 보이지 않는 분에게는 길을 안내해주기를, 무엇을 해도 원하는 목표를 이루지 못하는 분들에게는 이 책을 통해 성공하기를 기원합니다.

일산의 서재에서
전 도 근

공부에 대한
오해와 편견이
자녀를 망친다

1

만일 내가 다시 아이를 키운다면

만일 내가 다시 아이를 키운다면
먼저 아이의 자존심을 세워 주고
집은 나중에 세우리라.
아이와 함께 손가락 그림을 더 많이 그리고,
손가락으로 명령하는 일은 덜 하리라.
아이를 바로잡으려고 덜 노력하고,
아이와 하나가 되려고 더 많이 노력하리라.
시계에서 눈을 떼고 눈으로 아이를 더 많이 바라보리라.
만일 내가 다시 아이를 키운다면
더 많이 아는 데 관심 두지 않고,
더 많이 관심 두는 법을 배우리라.
자전거도 더 많이 타고 연도 더 많이 날리리라.
들판을 더 많이 뛰어다니고 별들을 더 오래 바라보리라.
더 많이 껴안고 더 적게 다투리라.
도토리 속의 떡갈나무를 더 자주 보리라.
덜 단호하고 더 많이 긍정하리라.
힘을 사랑하는 사람으로 보이지 않고
사랑의 힘을 가진 사람으로 보이리라.

글: 다이아나 루먼스

학원이 오히려 공부를 못하게 하는 원인이 될 수 있다.

지금 한국은 자녀를 무조건 학원에 보내는 광풍이 불고 있다. 학원만 보내면 우리 아이가 공부를 잘할 것 같은 생각이 들기 때문이다. 그러나 학원이 오히려 아이들의 공부를 못하게 하는 원인이 될 수 있다는 사실은 주지하여야 한다.

학생들의 학습에 대한 부담을 줄여주도록 6차 교육 과정을 버리고 7차 교육과정으로 시행한 지 5년이 지났지만 서울 지역 초등학교 고학년은 학원 수강률이 85%에 달하고 입시 보습학원 수도 매년 급증하고 있다. 대통령이 바뀔 때마다 사교육비를 잡겠다는 것으로 국민의 관심을 끌고, 각종 언론매체에서는 사교육비와 함께 교육문제의 심각성에 대해 연일 보도하고 있다. 연간 사교육비에 들어가는 돈이 국방비의 몇 배에 이르며, 국민 총생산의 몇 %에 해당한다고 야단법석이다. 그러면서도 남들이 다 보내니까 우리 아이만 안 보내면 무언가 뒤지는 느낌에 결국은 아이들을 학원으로 내몰고 있다. 아이들은 영문도 모르고 부모의 성화에 떠밀려 늦은 밤까지 피곤한 몸을 이끌고 학원을 전전하고 있다. 일부의 아이들은 학원에서 부족한 공부를 하며 온 힘을 다하지만, 일부의 아이들은 딴생각을 하면서 학원이 끝나기만 고대하고 있다. 부모들은 늦게 돌아오는 아이들이 대견하고 다가올 미래에 대한 장밋빛 꿈을 꾸며 고통을 참아가고 있다. 안타깝게도 이러한 모습이 우리의 현주소이다.

사교육이 필요한가, 필요하지 않은가의 질문에 대해서는 누구도 똑 부러지게 대답할 수 없을 것이다. 학원은 일종의 필요악이라고 할 수 있다. 그러나 많은 학생에게 학원은 외면하기 어려운 엄연한 현실이다. 사교육을 피할 수 없다면 도움이 되는 학원을 선택할 수 있는 지혜와 안목을 가져야 한다. 특히 청소년기의 학원 선택은 장래를 좌우할 정도로 중요한 문제다. 잘못된 학원 선택은 창의력을 말살하거나 경직된 사고방식을 갖게 하거나 수동적인 생활 습관을 갖게 해 결국에는 지적인 홀로서기를 할 수 없게 할 수도 있기 때문이다.

교육부의 교육통계 연보를 분석해 보면 인문계 고교 졸업생의 4년제 일반 대학 진학률은 뜻밖에 학원이 드문 지역이 학원이 많은 서울 지역보다 압도적으로 높은 것으로 나타났다. 또한, 서울 지역 대학 입학생 가운데 절반 가량인 48.8%가 지방 출신이라는 것을 보면 좋은 학원이 몰려 있는 서울의 학생들이 꼭 좋은 결과를 가져온다고 보기도 어렵다.

사교육에 대한 일선 교사들의 견해도 엇갈리고 있다. 교사들의 49.5%는 학습 태도 불성실 등을 이유로 과외가 학교 교육에 부정적인 영향을 미친다고 보고 있지만, 부족한 학교 교육 보충으로, 자신감 회복 등의 이유로 긍정적인 영향을 미친다는 교사들도 37.5%나 됐다. 정규 교과목의 과외에 대해서도 교사들은 필요하다(32.9%), 불필요하다(45.5%)는 반응을 보였다.

물론 이러한 진학률이나 간단한 통계에 의하여 사교육의 효과를 단정하기는 무리라고 할 수 있다.

한국교육개발원(KEDI)이 성적과 과외 여부 및 학습 태도의 상관관계를 5년간의 성적을 가지고 분석한 결과를 보면 과외 유무와 상관없이 학습 태도가 좋은 학생들은 성적이 많이 향상됐고 보통인 학생들은 조금 올랐으나 태도가 나쁜 학생들은 성적이 하락했다. 과외를 받는 학생들도 결과는 마찬가지였다. 학교 성적이 상위 20% 이내인 학생은 10명 중 7명이 평소 학교 수업에 열중하고 숙제를 잘하는 등 학교 수업 태도가 매우 양호한 것으로 나타났다. 또한, 예습과 복습 등 학교 수업에 충실하고 책을 많이 읽는 학생이 성적도 우수한 것으로 나타났다. 이들 상위권 학생은 수업 시간에 질문을 하거나 예습·복습을 하는 비율이 높고, 책 읽기를 좋아하거나 부모가 자주 서점에 데려가서 책을 사주는 경우가 많은 것으로 조사됐다.

가끔 명문 대학에 수석으로 입학한 학생들의 성공담을 들어보면 "나는 학원 문턱에도 가지 않았지만 수석을 했다."라는 소감을 자주 들을 수 있다. 필자도 공고를 나와서 대학에 가려고 학원에 다녀 본 적이 없다. 공고에 다녔기 때문에 학교에서 보충 수업을 받은 적이 한 번도 없었다. 오직 독학으로 대학을 간 것이다. 자격증을 처음에는 학원에 다녀 20여 개를 취득하고, 나머지 20 여개는 학원 다니는 시간이 너무 아까워 거의 독학으로 취득하였다. 필자에게 있어서 학원은 모르는 것을 빨리 알게 해준 효과는 있었지만 시간의 효용이나 암기 능력 개발에는 도움이 되지 않았다.

결국, 학습 태도가 좋은 학생들에게는 사교육이 효과가 있을지 몰라도 공부하는 것을 좋아하지 않는 학생들이나, 학습 태도가 나쁜 학생들에게 사교육은 오히려 역효과를 볼 수도 있다. 공부에 흥미가 없는 아이를 학원에 보내면 시간만 어영부영 보내는 결과가 되고 결국 가족이 함께할 수 있는 소중한 시간을 빼앗기기 쉽다는 결론을 가져올 수 있다.

더욱이 학원은 많은 문제를 가지고 있다. 그중에서도 가장 큰 문제는 학생들을 직접 가르치는 강사들의 질이 너무 낮다는 것이다. 현행 학원 설립 운영 및 과외학습에 관한 법률 시행령상 학원강사는 교원의 자격을 소지한

자나 전문대학 졸업자 또는 이와 동등이상의 학력이 있는 자로 규정하고 있다. 그러나 일부 학원이나 교습소들이 수익을 올리려고 정식 자격을 가진 강사를 고용하기보다는 상대적으로 임금이 싼 대학생을 학원 강사로 채용하는가 하면 학력이 검증되지 않은 무자격 강사를 고용하여 운영하는 경우가 많이 적발되고 있다. 특히 채용된 대학생들은 구두계약으로 취업한 상태에서 계약 사항에서 벗어난 강의 시간 배정 등 학원장들의 횡포에 시달리고 있다. 더욱 문제인 것은 무자격 강사 중에는 교육이 무엇인지도 모르고 오직 교과 내용만을 전달하는 기계적인 일만 하는 경우가 많다. 필자가 가르치는 학생 중에서 상당수가 학원에서 아르바이트로 강의를 하고 있었다. 강의를 하는 학생 중에는 아직 교육에 대하여 전혀 모를 뿐 아니라, 제대로 강의 기법도 몰라서 학생들을 가르칠 수 있을까 걱정되는 학생들도 있었다.

이제는 학원을 선택할 때 마치 유행을 좇듯 좋은 학원을 몰려다니는 일을 해서는 안 된다. 어느 학원이 좋다고 해서, 어디서 좋은 성적이 나온다고 해서 우리의 아이들이 꼭 그런 결과를 가져올 것이라 기대하기 어렵다는 것을 알아야 한다. 그러나 어쩔 수 없이 학원을 보내야 한다면 선택의 가장 기본은 특정 학원이나 강사가 우리의 아이들과 얼마나 맞느냐를 고민해야 한다. 그리고 학원을 선택하기 전에 우리 아이의 학습 태도, 기질이나 생활 습관, 학습 성향 등을 먼저 꼼꼼하게 살펴서 학원을 선택해야 한다.

이제 학원을 보내야 공부를 잘할 수 있다는 고정관념에서 벗어나 학원이 공부를 망칠 수 있다는 생각도 해야 한다.

 공부하는 부모가 공부 잘하는 자녀를 만든다

🌱 공부 방법에
   왕도는 없다.

학부형들은 공부를 잘해서 성공한 사람들의 공부 방법을 맹신하는 경향이 있다. 우리 아이를 성공한 사람처럼 공부하게 하면 똑같이 성공할 수 있을 거란 생각이 들어서 일 게다. 그래서 그런지 공부를 잘해서 성공한 사람들의 공부 방법에 관련된 책들이 많이 나와 있다. 필자도 이런 책들을 보면 역시 그들의 공부 방법은 탁월하였으며, 그러니까 공부로 성공할 수 있었다는 생각이 들었다. 성공한 사람들이 제안하는 공부하는 방법은 어느 정도 타당성이 있는 것이며, 이해가 가는 내용이었다. 그리고 일부의 책에서 지적하는 공부 방법은 이미 학생들이 다 하는 별반 새로울 게 없는 공부 방법이었다.

학부형들의 절박한 마음을 자극하여 책이 많이 팔리기만 하라는 듯이 무책임하고 자극적인 제목들과 내용으로 도배를 하는 책들도 많다. '하루에 10분만 공부하면 1%에 드는 공부 방법', '시험에 나오는 것만 공부하는 방법', 심지어는 '공부 안 하고 100점 맞기', '아무리 힘들어도 힘들지 않게 공부하는 방법', '일주일 만에 성적 올리기' 등 정말 책 제목만 보아도 이미 공부 방법을 배워 성공한 것 같은 느낌이 들게 한다.

문제는 학생들은 학부형들처럼 생각하지 않는다는 것이다. 필자도 공부 방법에 대하여 관심이 많았기 때문에 학생들에게 알려주고 싶은 공부 방법이 있으면 중요한 것들을 메모하여 알려주었다. 학생들에게, 성공한 사람들이 이렇게 해서 성공했으니 여러분도 이렇게 공부해 보라고 공부 방법을 알려주었다. 그러나 학생들은 긍정적으로 공감하기보다는 부정적인 시각으로 나를 바라보았다. 학생들은 "그 사람은 특별한 능력을 갖췄기 때문에 그렇게 공부하는 것이 가능하고 성공도 가능한 것이다."라고 한결같은 소리를 내었다.

앞으로 경쟁이 치열해져 가면 갈수록 학부형들이나 학생들은 공부를 어떻게 하면 잘할 수 있을까에 대한 관심이 지대할 수밖에 없을 것이다. 그래서 그런지 지금까지 밝혀진 공부 방법만 보아도 수없이 많다. 과목별 공부 방법, 시간별 공부 방법, 체질별 공부 방법, 혈액형별 공부 방법, 시험별 공부 방법, 두뇌활용 공부 방법, 암기법을 이용한 공부 방법, 수도 없이 많은 공부 방법들이 어떤 때는 유행처럼 번졌다가 우리의 기억 속에서 멀어져 가고 있다. 이러한 공부 방법의 특징을 보면 공부를 기능적으로 암기하는 데 중요한 비중을 두고 있다. 그러나 공부를 잘한다는 것은 그렇게 간단하게 해결되는 일이아니다.

문제는 이러한 공부 방법이 뜨게 되면 그때마다 학원이나 학교에서는 그것이 마치 공부의 왕도인 것처럼 학부형들이나 학생들에게 권하고 있다는 것이다. 그러면 학부형들이나 학생들은 지금까지 자기의 공부 방법이 잘못된 것처럼 생각하여 새로운 공부 방법에 관심을 둘 뿐만 아니라 따라한다.

그러나 더 큰 문제는 공부 방법의 변화를 시도한 어떤 부모들이 자기의 아이들이 종일 공부만 하는데도 성적의 변화가 없다고 걱정할 수 있다. 어떤 학생들은 자기는 수업도 열심히 듣고 새로운 공부 방법으로 열심히 공부하는데 결과는 꼭 좋지 않게 나온다고도 한다. 참으로 아이러니한 일이라 하겠다. 새로운 공부 방법으로 열심히 공부를 했는데도 결과는 그리 탐탁하지 않다는 것이다. 분명히 일리가 있는 공부 방법이며, 그 공부 방법으로 성공한 사람도 있는데 왜 나에게는 맞지 않는 것일까? 이처럼 공부 방법이 다양한데 왜 아직 우리 주변에는 공부를 못하는 학생들이 많을까? 공부에는 왕도가 없다는 것이다. 각자에게 맞는 학습 방법이 모두 다른 것은 당연한 이치인데도 아직 자신의 학습 방법을 제대로 찾지 못하고 남들이 좋다고 하는 공부 방법에 매달려 공부를 하기 때문이다.

지금까지 타인의 공부 방법으로도 원하는 만큼 성적이 향상되지 않는다면 자신의 공부 방법에 대하여 한번쯤 의심해볼 필요가 있다. 또한 자신의 학습태도에도 문제가 있는지 없는지를 발견하여 문제를 해결하지 않고는 아무리 좋은 공부 방법이라고 해도 자신에게는 시간만 소모하게 하는 쓸데없는 도전일 수도 있다.

그러나 제일 중요한 것은 공부 방법보다 공부를 해야겠다는 생각이 우선되어야 한다. 공부를 해야겠다는 생각을 하지 않는데 아무리 좋은 공부 방법인들 무슨 소용이 있겠는가? 머릿속에 지식을 다 넣어 준다고 해도 공부가 무엇인지 모른다면 공부가 재미있겠는가? 공부가 무엇인지를 정확히 알고 나서 정확한 목표가 있어야 공부가 재미있을 수 있다. 공부가 재미있다는 생각을 한 후 비로소 자신의 공부 방법이 의미가 있다고 할 수 있다.

꿈이 없는 공부는 고문이다.

초등학교에 가기 전의 어린 자녀를 둔 부모들이 똑같이 하는 말이 있다. "우리 애는 천재 같아요. 애가 …을 하기 시작했어요."라는 말이다. 그런데 그런 아이들이 점점 자라면서 초등학교에 입학하고 경쟁자가 더 많아지면서 어느새 그런 말을 다시 하지 않는 부모들이 많다. 그러다 중학교, 고등학교에 들어가면 부모들는 자녀가 천재가 아니라 공부를 못하는 아이라고 단정하는 경향이 있다.

필자도 성공한 사람들처럼 공부를 잘해보고 싶어서 책을 옆에 두고 따라 해 보려고 갖은 노력을 해보았지만 번번이 실패하였다. 가끔은 공부로 성공한 사람들보다 내가 능력이 부족하다는 생각도 해 본 적이 있다. 그러나 그런 이유보다는 공부에 대한 습관이 제대로 형성되어 있지 않은 상태이고, 그만큼 절실하지도 않았기 때문이라는 생각이 더 앞선다. 필자도 지금 대학을 진학해야 하거나 중요한 시험을 앞두고 있다면 그들처럼 공부를 했을지도 모른다. 그러나 필자가 근 20여 년을 공부하면서 느낀 것은 공부 방법은 각자의 특성에 맞아야 한다는 것이다.

필자가 10여 년간 43개의 자격증을 취득하고 38의 나이에 대학원을 가고 41세에 박사학위 공부를 시작하면서 얻은 공부 잘하는 비결은 그 어떤 공부의 정도나 방법보다는 내가 하고 싶어서 시작해야 한다는 결론이었다. 목표가 정확하기 때문에 나 나름대로 공부 계획을 세우게 되고 그 일정에 못 맞추면 합격하기 어렵기 때문에 시간을 아껴서 공부를 열심히 할 수밖에는 없었다. 결국, 공부를 잘하려면 정확한 목표를 알아야 한다.

그러나 아이들은 다가올 미래에 대하여 막연하게 생각하고 있지, 공부를 안 하면 어떤 일들이 닥쳐올지는 정확히 모르기 때문에 꿈은 피상적이 될 수밖에 없다. 목표가 피상적이니 당연히 계획을 어떻게 세워야 하는지를 모르게 된다.

공부를 잘하는 학생들의 특징을 보아도 목표가 정확하다는 것이다. 필자가 근무했던 명문 고등학교의 학생들은 목표가 정확했다.

"너 이다음에 뭐가 되고 싶니?"라고 물으면

학생들은 "의사요", "변호사요", "연예인이요","교사요" 라고 정확히 자신의 목표를 제시하는 것이었다.

그러나 공부를 못하는 학생들은 목표가 우선 부정확했다.

"되는 데로 살지요."라는 학생부터 "회사원이요."라고 답하는 친구는 그래도 진취적이다.

정확한 목표를 세우려면 결국 자신의 꿈의 목표인 사람들의 삶을 보게 하거나 경험하게 하는 것이다. 이러한 경험은 아무리 부모의 충고가 논리적이고 타당하다고 해도 가치가 더 높을 수밖에 없다. 그렇다고 공부하는 학생들에게 현장에서 직접 체험하라고 떠미는 것은 쉽지 않다. 더욱이 학생들에게 삶을 경험시킨다는 이유로 시행착오를 겪게 할 수는 없다.

그래서 필자는 수업 시간에 학생들에게 인생의 경험과 다양한 사람들의 삶의 모습을 자주 이야기한다. 학생들은 필자의 말에 간접적인 경험의 기회를 통하여 자신들의 꿈을 다시 한번 생각하는 기회를 얻는다. 학생들은 간접적인 경험을 통해서도 자신의 목표를 설정할 수 있다는 것을 의미한다.

전문가들의 조언을 보면 "공부 잘하는 학생들에겐 경험할 수 있는 기회를 주고, 공부를 잘하지 못하는 학생은 장기적인 목표를 갖게 하면 성적 향상에 크게 도움이 된다."고 하였다. 학생들이 뜻밖에 어떤 일이 자신에게 맞는지, 또 어떤 직업을 가질 수 있는지를 정확히 모르기 때문에 관련 정보를 주면 학습 동기가 유발돼 좋은 결과를 얻는 일이 많다는 것을 알 수 있다.

🌱 대학 졸업식이
   실업자 입학식이
   되는 세상.

부모는 자녀가 대학에만 들어가면 자녀의 뒷바라지에 대한 모든 것이 끝난 것으로 생각한다. 그러나 이러한 생각은 자녀가 더 큰 문제를 잉태하고 있다는 것을 미처 못 본 것이다. 대학을 졸업하고도 취업을 못하는 실업자가 증가하고 있기 때문이다. 어떤 부모든 대학을 졸업하고도 집에만 있는 자녀를 보는 것은 마음이 편치 않을 것이다.

수능 시험을 마친 고3들은 입시공부를 마치고 대학생활의 환상에 젖게 된다. 지긋지긋한 공부는 더 하지 않아도 되고 누구에게도 통제받지 않고, 그동안 누리지 못했던 자유를 만끽하고 싶은 생각을 한다. 그도 그럴 것이 그들은 초등학교 시절부터 대학 입학 위주의 교육만 받아왔기 때문이다. 그래서 목표를 이룬 학생들은 더는 꿈이 존재하지 않는 것이다.

최근 교육인적자원부가 전국 국립, 사립대학 재학생 1,781명을 조사한 바에 따르면 강의 시간을 제외하고 대학생들의 하루 평균 공부시간이 30분 미만이 23.1%, 30분에서 1시간이 28%로 51.1% 대학생의 공부시간이 하루 1시간 미만으로 나타났다. 또한, 1시간 미만은 국립대 생이 57%, 사립대 생이 47%이고, 자연 계열이 56%, 인문 사회 계열이 42%로 나타났다.

서울의 한 명문 대의 통계에서도 신입생들의 공부 실태를 조사한 보고서를 보면 절반에 가까운 47.6%가 하루에 공부를 거의 하지 않는다고 답했다. 특히 재수 경험이 없는 학생의 51.8%가 공부를 거의 안 한다고 응답하여 재

수 경험이 있는 학생(40.8%)보다 10% 이상 높았다.

하지만, 이러한 공부에 대한 해방감은 아직 대학 신입생티를 벗기도 전에 무너져 내린다. 자유를 만끽해야 한다는 데 대한 기대는 입학이 얼마 지나지 않아 차가운 현실에 부닥치게 된다. 그러나 문제는 3·4학년이 되면 공부를 시작하지만 진리 탐구를 위한 공부가 아니라 직업을 갖기 위한 공부가 많은 부분을 차지한다는 것이다.

날로 좁아지는 취업 문을 뚫고자 엄청난 부담을 안은 예비 취업자들이 취업경쟁을 향한 끊임없는 질주를 펼치고 있다. 12년간 대학입시만을 바라보며 달려왔는데, 다시 4년 코스의 장애물이 나타난 셈이다. 대학의 도서관 대출순위 1위는 취업용 참고서와 어학 관련 자료가 대부분이라고 한다. 학생들은 좁아지는 취업 문을 뚫고자 토익 점수, 자격증, 외국연수, 인턴 경험 등으로 자신의 경력 관리에 그만큼 바쁘다는 것을 증명하는 것이다.

실제로 대학들에 다녀 보아도 학생들이 순수하게 공부하는 것을 보기 어렵다. 취업과 관련 없는 수업 시간에는 교재도 사지 않고 그저 멍하니 들어왔다 수업이 끝나면 가는 학생들이 많다. 그저 과정만 끝나면 졸업장 받고 막연히 어떻게 되겠지 하는 생각이 많이 들기 때문이다. 그러나 취업에 도움이 되는 영어 회화나 전산 관련 과목들을 신청하려고 수강 신청 전날 밤을 새워가며 줄을 서는 진풍경이 벌어지기도 한다.

필자는 전국의 대학생들을 대상으로 취업 특강에 다닌다. "미래의 유망직종 어떻게 준비하나"에서 부터 "대기업 취업 전략" 등의 강의를 한다. 각 대학에 다니면서 취업 특강을 들으러 온 학생들에게 "대학을 졸업하고 무엇이 되고 싶으냐"는 질문에 뜻밖에 아무 생각이 없는 학생들이 많았다. 그럼 어떻게 살려고 그러느냐는 질문에 "그저 오늘 하루 편하면 됐지 무슨 미래를 깊게 생각하느냐"는 답을 했다. 요즘의 학생들은 기성세대들처럼 먼 미래를 생각하지 않는 경향이 많다. 그래서 당장 눈앞의 행복을 위해서 집을 사려는 생각보다는 차를 먼저 사려하고, 새로운 휴대전화기가 나오면 어떻게 해서든 가지려고 아르바이트에 전력을 다한다. 공부를 해서 나중에 잘 살겠다는 생각보다는 현재를 어떻게 하면 만족하면서 살 것인가에 관심이 많아 보인다.

공부 안 하는 대학생이 이처럼 많다는 사실은 우리나라 대학의 위기라고 할 수 있다. 나아가 국가 전체의 위험이라 할 수 있다. 원래 대학의 설립 목적은 여러 학문 분야를 연구하고 지도자로서 자질을 함양하는 고등교육기관으로 국가를 경영할 인재를 양성하는 것이다. 이제 대학을 나왔다고 해서 그들이 국가를 이끌어갈 인재라고 하기에는 어려운 부분이 있다.

그러나 이처럼 학생의 문화에 공부 안 하는 분위기가 팽배해진 것에 대하여 단지 학생들의 잘못된 사고방식만을 탓할 수는 없다. 사회의 전체적인 분위기가 그렇게 만들기 때문이다.

또 하나의 문제는 대학 교육의 질이 너무 낮다는 점이다. 최근 발표된 한국직업능력개발원의 우리나라 대학 교육 실태에 대한 보고서에서도 우리나라 대학이 처한 이런 현실이 명확히 드러났다.

조사에 따르면 우리나라는 노동 시장에서 요구하는 능력과 대학이 길러 주는 능력 간의 괴리가 컸다. 또 4년제 대학 졸업생의 직업 기초 능력이 175점 만점에 118점으로 선진 12개국 가운데 11위였으며, 직업 기초 능력과 기업이 요구하는 업무 능력 사이의 괴리도는 22.4점으로 일본(28점)을 제외하고는 가장 높은 수치였다.

상황이 이렇다 보니 기업이 대학을 갓 졸업한 사람을 채용해 업무를 맡길 수 있게 만들기까지 많은 시간과 비용이 든다. 기업 인사 담당자의 입에서 "신입사원을 교육하는 데 적지 않은 부담을 느낀다"는 말이 쉽게 나오는 걸 보면 갓 졸업한 대학생보다 경력직을 선호하는 기업이 늘어나는 것도 지극히 자연스럽다. 대학 졸업생들의 취업 문은 좁아질 수밖에 없고 대학생들도 그냥 학교만 믿고 있을 수만은 없게 됐다. 자신의 취업 능력을 키우려고 학교 밖에서 학원 수강 등 사교육에 많은 시간과 비용을 투자하는 학생들이느는 것을 보면 안다.

대학생들이 공부를 하지 않으려는 것은 그들이 희망이 없기 때문이다. 대학을 졸업하고 자기가 하고 싶은 일이 널려 있는 사회라면 학생들은 희망을 품을 것이다. 그러나 현실을 보면 사회에서는 대학을 졸업한 학생들에게 원하는 일자리를 만들어 주지 못할뿐더러 일자리마저도 하늘의 별 따기만큼 어렵게 되었다. 그러니 당연히 거대한 사회의 장벽 앞에서 스스로 희망을 포기하는 대학생들이 많아진다고 할 수 있다.

우선 대학이 학문 지상주의에 머무르기보다 재학생의 취업 능력 제고를 위한 실질적인 교육에 치중하는 것이 필요하다. 실질적인 교육을 통해서 학생들에게 공부하는 분위기, 공부할 수밖에 없게 하는 분위기를 대학이 적극적으로 조성하는 일이 급선무라고 하겠다. 학교 공부만 열심히 하면 졸업 후에 원하는 일을 하면서 살 수 있도록 대학들이 차별화되어야 하며, 미래 사회를 예측하여 변화를 선도해야 한다. 그러나 아쉽게도 지금의 대학 구조는 시대의 경쟁력에서 뒤떨어지는 전통적인 모습을 가진 경우가 많다. 대학은 그저 통과의례일 뿐이며 기업은 기업대로, 대학생은 대학생대로 직업 능력을 길러야 하는 게 우리의 현실이 되어버렸다면, 국가적으로 막대한 재원이 들어가는 대학 교육이 왜 필요한지에 대한 근본적인 의문이 제기될 수밖에 없다.

대학 4년은 사회에 나가기 전 마지막으로 유일한 자기 계발의 시기다. 대학 4년 생활의 결과는 대학 졸업 후 40년을 결정한다.

🌱 독서는
성공의 지름길.

책 속에 길이 있고 독서가 곧 국력이라는 말이 있다. 국민의 독서량은 곧 국가 경쟁력과 직결된다는 이야기다. 그러나 우리는 독서를 단순히 여가를 즐기는 문화활동의 하나로 생각하여 독서를 상대적으로 가볍게 여기고 있다. 그래서 부모들은 자녀가 책 안 읽는 것에 대해서는 뭐라 하지 않지만 공부를 안 하는 것은 불안해한다. 심지어는 자녀가 책 읽는 것보다는 공부하기를 권하는 부모도 있다. 공부도 책을 읽는 것이며 독서의 한 부분인 것을 모르기 때문이다.

실제로 독서의 효과는 정말 놀라울 정도이다. 인류의 역사나 개인의 발전은 책에 의해 발전해왔다고 해도 과언이 아니다. 세계 최고의 갑부인 마이크로소프트 회사의 빌 게이츠도 동네의 작은 도서관이 지금의 자신을 만들었다고 하여 독서의 중요성에 대하여 간접적으로 강조하였다. 인생의 밑바닥에서 가장 성공한 여성으로 손꼽히는 토크쇼의 여왕 오프라 윈프리도 독서 덕에 지금처럼 성공하게 되었다고 한다.

그런데 해가 갈수록 우리의 독서 인구가 줄어들고 있다. TV의 대량 보급에 이어 인터넷의 급속한 확산에도 원인이 있겠지만 문제는 독서 환경이 열악하고 독서에 대한 관심도가 갈수록 떨어지고 있다는 점이다.

출판계 동향의 상징인 교보문고가 최근 발표한 '2004년 상반기 베스트셀러 분석'에 따르면, 교보문고 서울 광화문은 같은 해 상반기 매출 신장률이 1.5%에 그쳐 개점 이래 가장 낮은 신장률을 기록했다. 교보문고의 매출 신장률은 1997~2001년에는 평균 12.2%였고, 2002년 10.2%를 기록하다가 2003년에 3.7%로 급락했는데, 2004년에는 그 절반 수준에도 못 미쳤다. 국민 전체가 책을 읽는 비율이 감소하는 것이다.

또 한편 2003년 말 한국출판문화연구소 조사에 따르면 우리나라 성인 중 약 30%가 1년에 단 한 권의 책도 읽지 않는 것으로 나타났다. 영상 매체 접속시간은 125분에 이르지만 평균 독서 시간도 평일 31분, 주말 29분에 불과했다. 미국의 다국적 여론 조사 기관인 NOP가 전 세계 30개국을 대상으로 주당 독서 시간을 조사한 결과 우리나라 사람이 가장 책을 읽지 않는 것으로 나타났다고 한다. 이 기관이 발표한 조사 결과에 따르면 우리 국민이 책·신문·잡지 등 활자 매체를 읽는 데 소비하는 시간은 주당 3.1시간으로 1위인 인도 10.7시간의 약 4분의 1에 불과했으며 독서 시간도 30개국의 평균치인 6.5시간의 절반에도 못 미쳐 조사 대상 30개국 가운데 불명예스러운 꼴찌로 나타났다. 참 부끄러운 이야기다.

독서 인구와 독서 시간이 줄어드는 것을 불경기 탓으로 돌릴 수도 있다. 국가 전체적으로 경기가 좋지 않아서 우리 출판계가 극심한 불황을 겪은 것으로 치자. 그러나 일본은 불황기일수록 책이 많이 팔린다고 하여 우리나라와는 대조적이다. 일본은 불경기를 벗어나려면 공부를 해야 한다는 것이 사회 전반적인 의식이기 때문에 독서가 증가하고 학원이나 평생교육원의 수강생들이 많아진다. 그러나 우리는 불황기가 되면 학원이나 평생교육원의 수강생이 줄고 독서량도 줄고 있다.

우리는 걸핏하면 일본을 얕잡아 말하지만 일본에서 가장 부러운 것은 국민의 독서 열기다. 일본의 전철을 타보면 세계의 독서 인구 제1위를 고수하고 있는 일본의 문화 국력이 경제 대국의 뒷받침을 하고 있다는 것을 실감케 한다. 책 한 권 읽은 사람이 열 권 읽은 사람을 무슨 수로 당해낼 것인가. 이 때문에 한국 문화는 점차 책이나 노래, 만화, TV 프로그램 모두 일본 베끼기와 표절 문화로 전락하고 있다는 것을 우리 스스로 부끄럽게 인정해야 할 판이다.

독서는 습관이지 계몽이나 교육으로 되는 것이 아니다. 따라서 독서는 자신의 생존과 성취 욕구와 향상을 위해서 영혼의 비타민처럼 필수적이라는 습관적인 인식이 따라야 한다. 어린 시절에 독서 습관을 길러 주는 것은 교사나 부모들의 절대적인 책임이자 과제이다. 그러려면 어른들이 먼저 책을 읽는 모범을 보여야 한다. 그래야, 미래가 불확실한 이 나라의 장래에 조금이라도 희망이 생기리라. 독서 인구가 늘어야 경제를 포함한 국가 경쟁력도 강화되고 부국강병의 꿈도 이뤄질 것이다. 독서는 한 개인의 삶을 부유하게 하는 원동력이며 국력이라는 것을 명심하자.

전략 없는 고학력은 삶의 무게만 무겁게 한다.

우리 민족은 못 배운 게 한이 된 민족이다. 그래서 성공의 잣대도 학력이라고 하여 대학을 가려고 소까지 팔아 학비를 마련할 정도로 열성적이었다. 상황이야 어찌 되었건 대학만 나오면 웬만한 일자리를 얻을 수 있어서 대학을 어떻게 해서든 보내려고 했다. 요즘엔 고등학생들의 85% 이상이 대학을 가고 있다. 앞으로는 대학이 남아돌아 가 원하기만 하면 누구든지 대학을 갈 수 있는 시대가 될 것이다. 결국, 학력 인플레가 심해져간다는 얘기다.

학력 인플레는 석·박사들에게까지 이어지고 있다. 통계청의 자료를 보면 대학원을 졸업한 석사학위 취득자는 90년에 3만 5천 명 정도이던 것이 2005년에는 10만 8천 명으로 3배나 늘었다. 박사는 해마다 거의 8천여 명 정도가 국내외에서 쏟아지고 있으나 이들을 받아줄 직장은 턱없이 부족하다. 기업은 오히려 석·박사 등 고학력자들을 우대하기는커녕 꺼릴 정도이다.

은행이나 기업의 신입직원 채용에 외국 경영학 석사(MBA) 학위자, 공인회계사(CPA)나 미국 공인회계사(AICPA) 자격자 등 옛날 같으면 돌아보지도 않았을 고급인력이 줄을 서고 있다. 이건 그만큼 고학력 고지식의 인재를 요구한다는 의미도 있지만 뒤집어 보면 사람값이, 능력의 값이 과거보다 제대접을 받지 못한다는 얘기가 된다.

실제로 석·박사학위를 받고도 취업을 하지 못해 안절부절못하는 사람이 주변에 많아졌다. 한 달 내내 강의하러 다녀도 100만 원 이하를 받는 박사들이 속출하여 학력을 속이고 중소기업에 취직하거나 훈련원에서 기능을 배우는 박사들이 나타나 신문에 알려지기도 하였다.

실제로 취업포털 잡링크(joblink.co.kr)의 조사 결과를 보면 최근 석·박사 학위와 미국 공인 회계사(AICPA), 경영학 석사(MBA) 등 고학력 구직자와 직장인 1,375명을 대상으로 조사를 했더니, 63.9%가 '학위와 고급 자격증이 채용에 방해가 됐다'고 답했다. 이는 석·박사 등 고학력 구직자 5명 가운데 3명은 학위나 자격증이 취업에 오히려 방해가 된다는 것이다.

특히 '취업을 위해 하향 지원을 한 적이 있다'는 응답자가 79.2%로 대부분을 차지했으며, '입사 지원서 제출 때 학위와 자격증 소지 사실을 숨긴 적이 있다'는 답도 41.2%나 됐다. 반면, 고학력·자격증이 취업에 도움이 됐다는 답은 28.3%에 그쳤다.

취업이 어려운 이유로는 '석·박사 학위나 고급 자격증이 경쟁력에 보탬이 되지 못해서'라는 답이 53.0%로 가장 많았다. 이는 학위가 한 부분의 깊은 지식을 요구하는 것이기에 실제로 업무에는 그렇게 도움이 되지 않기 때문이다. '직장에서 고급 인력을 부담스러워 해서'와 '고급 인력에 대한 직장의 인식이 좋지 않아서'라는 답이 각각 26.8%, 13.5%로 조사됐다. 직장에서는 학위자들에 대한 예우에 부담을 갖게 되고 직장 내에서 동료는 학위를 받은 사람이 왜 회사에 남아 있는가 하는 시선으로 보고 있기 때문에 직장 내에서의 활동에 상당한 신경을 쓰면서 일 할 수밖에 없게 된다. 한 번이라도 실수하게 되면 박사가 그 정도밖에는 안 되나 하는 핀잔을 듣기가 쉽다.

한편, 이미 취업한 고학력 직장인 405명에게 직장에 대한 만족도를 물어보니, '매우 불만족'하거나 '불만족'하다는 답이 절반에 가까운 46.8%를 차지했다. 이유로는 '역량에 못 미치는 연봉이나 처우'(33.3%), '수준에 맞지

 공부하는 부모가 공부 잘하는 자녀를 만든다

않는 직무 내용'(27.0%), '평가를 내려보는 주위 시선'(18.0%) 등을 들었다.

이 같은 현실은 무엇보다 대학원의 급속한 양적 팽창에서 그 원인을 찾을 수 있는 것으로 분석된다. 1970년 대학원 수는 64곳에 불과했지만 2003년에는 1,010곳으로 15.7배나 급증했다. 재학생 수도 1975년 8,066명에 불과했던 것이 2003년에는 11만 9,759명으로 15배 증가했다. 박사 배출 인원도 급증, 교육인적자원부가 올해 국정 감사 자료로 제출한 '최근 10년간 연도별 박사 학위 취득자 현황'에 따르면 1996년 4,786명이었던 박사(국내 학위)가 올해는 8,602명으로 179.7% 늘었다.

그러나 왜 이들이 석·박사학위에 도전을 해야 하는가? 그것은 자기의 학문적인 지식을 쌓고자 하는 것이기도 하지만 그만큼 취업이 어렵기 때문에 학력을 높여야 하는 사회적 현실을 반영한 것이라 할 수 있다. 그러나 학위를 취득하려고 공부하는 학생들에게는 희망이 없다. 더욱이 막연하게 취업이 되겠지라며 진학한 경우에는 더욱 그렇다. 학위를 취득한다고 해서 취업할 수 있다는 확신이 없기 때문이다. 단지 취업할 기회를 넓히는 것이지 실질적으로 취업할 수 있는 것은 아니다. 따라서 학력을 높이려면 정확한 전략을 가지고 그에 따라 자신을 관리해야만 원하는 일자리를 가질 수 있다. 막연히 학위만 가지고 가만히 기다리는 사람은 오직 자기 자신만의 만족감을 얻는 장롱 박사 학위자가 되고 만다.

우리나라처럼 부존자원이 없어서 오직 인적자원 개발이 국가 발전의 밑바탕이 되는 나라는 드물다. 지금까지 인적자원 개발을 통하여 우리나라가 이만큼 발전한 것도 사실이다. 이제 고급 인력들의 고부가가치 지식이 국가 경쟁력을 높이는 중요한 원천이 되고 있다. 나라 학문 수준을 가늠할 수 있는 척도인 대학원 교육이 질적인 우월성을 높임과 동시에 더욱 다양화·체계화함으로써 우수한 연구 인력뿐 아니라 고급 전문 기술 인력을 양성하는 기관으로 재정립돼야 할 것이다.

🌱 공부를 안 하면 먹고 살 수는 있어도 성공할 수는 없다.

가끔 부모들은 공부를 안 하는 자녀들에게 "공부를 안 하고도 성공할 수 있다."고 용기를 불어 넣어 주곤 한다. 성공의 개념을 어디까지라고 규정하기는 어렵겠지만 먹고 사는 데 지장만 없는 것을 성공이라고 한다면 대학을 가지 않아도 성공할 수 있다. 그러나 공부를 하지 않고 자기 분야에서 최고가 되는 성공을 하기에는 어려움이 너무 많다. 2인자, 3인자는 될 수 있어도 1인자가 되는 것은 거의 불가능한 현실이다.

공부를 안 하고도 성공할 수 있다는 것에 대해서도 다시 한번 되짚어 볼 일이다. 실제로 역사 속에서 공부를 안 하고도 성공한 사람들은 공교육을 제대로 받지 못했을 뿐이지 그들은 성공을 위해서는 이루 말할 수 없는 노력을 하였다는 사실을 깨달아야 한다. 역사 속에서 많은 공부를 하진 않았지만 성공한 사람을 찾아보면 처칠, 에디슨, 빌 게이츠, 정주영… 등 너무나 많다. 그러나 이들이 성공하기까지의 삶의 과정을 보라. 지식을 쌓고자 처절할 만큼 노력하였다.

영국 역사상 가장 위대한 영국인으로 추앙받았던 윈스턴 처칠의 화려한 조명 뒤에는 처절한 인생의 극복이 있었다. 그는 자신의 불행을 극복하고자 매일 다섯 시간이 넘는 독서와 연구를 통해 자신만의 지식 세계를 만들어 갔으며 자신의 인생은 물론 세계를 변화시켰다.

처칠은 두 달 일찍 태어난 조산아로서 지능 발달이 늦어 학교생활에 적응하지 못하고 장난감병정놀이에 여념이 없는 어린 시절을 보냈다. 그의 아버지는 항상 처칠을 가문의 수치로 여겼고 이는 어린 처칠에게 많은 상처를 주었다. 그는 학창 시절에 학업 성적이 거의 꼴찌였다. 성적이 나빠 대학 진학을 못 했으며, 육군 사관학교를 지원했지만 두 번 떨어진 후 세 번째에야 겨우 합격하였다. 또한, 그는 선거전에서 가장 많은 패배를 경험한 정치인으로 기록되어 있다. 그는 왜소한 체구로 심한 열등의식과 매번 꼴찌를 벗어나지 못한 어린 시절을 보냈다.

링컨은 미국에서 흑인을 해방한 대통령으로 유명하다. 그러나 그의 이력을 보면 가장 비참한 삶을 살았던 사람이었다. 어렸을 때 가정적인 결손과 함께 교육받을 기회가 전혀 없었다. 오히려 생계를 위하여 힘든 일을 해야만 했지만 그는 미래를 위하여 공부를 했다. 그의 성공이 더욱 빛나는 것은 유명한 연설보다는 어려운 환경 속에서도 꿈을 버리지 않고 공부를 계속하였기 때문이다. 통나무집에서 주거하며 자랄 때에 밤늦게까지 장작불에 의지하여 책을 읽었다는 일화는 유명하다. 그는 독학하여 변호사가 되었으며 나중에는 대통령이 되었다.

단지 이들은 성공의 수단으로 학교를 이용하지 않았을 뿐이지 더 많이 공부를 하였고 피나는 노력으로 지식을 쌓은 사람들이다. 그리고 그들은 공부를 하기 싫어서가 아니라 학교를 다니기 어려운 삶의 역경이 있었기 때문에 공교육의 혜택을 제대로 받지 못한 사람들이 대부분이다. 그러나 그들은 못 배운 것에 대하여 한이 맺혀 성인이 되어서 더욱 열심히 배우려는 강한 의지가 남다른 사람들이었으며, 알고 싶어하는 지식을 갖추고자 독서를 생활화하였다.

시대적으로 과거에는 공교육 기관도 많지 않아서 대부분의 사람이 공부를 깊게 하지 않아도 성공할 수 있었던 때가 있었다. 그러나 지금은 누구나 대학을 가는 시대가 되었다. 남들이 다 대학교에 가는 현실 속에서 대학을 가지 않고도 성공할 수 있다는 것은 불가능해 보인다. 대학을 가지 않는 것은 사회의 많은 경쟁에서 원천적으로 소외당할 수밖에 없는 단점을 가지고 세상을 사는 것과 같다. 어떤 때는 원천적으로 경쟁 자체에 기회가 주어지지 않는 일도 많다.

특히 요즘처럼 취업난으로 눈높이를 낮춰 지원하는 대졸 구직자가 늘어나면서 고졸 구직자들의 취업이 상대적으로 어려워진 것을 보면 고등학교만 졸업해서는 취업이 더 어려운 시대가 올 것으로 보인다. 더욱이 대학을 나오지 않고는 대기업에서 사무직으로도 일하기 어렵고, 임원으로 승진하는 일은 더 어렵다. 노동부가 발표한 자료를 보면 연봉 차이는 고졸자를 100으로 봤을 때 대졸 이상 근로자가 받는 월 급여는 152.3으로 1.5배 차이가 나는 것으로 파악됐다. 그러나 전문대졸은 102.4로 고졸과 별반 차이를 보이지 않았다.

좋은 학벌, 명문 대학, 좋은 환경 아래에서 충분히 공부한 사람들도 경쟁을 통하여 자기분야의 최고 경지에 오른다. 그러나 대학을 가지 않고도 이들과의 경쟁에서 이겨 원하는 성공을 거두려면 좋은 학벌을 가진 사람들보다 몇 배나 피나는 노력과 끈기, 각오가 없으면 성공하기 어렵다. 특히 자기의 적성을 살려서 원하는 직업을 갖으려면 공부를 하지 않은 만큼의 노력이 대학 졸업자들과는 달라야 한다.

"산 입에 거미줄 치겠느냐" 하는 사고로 막연하게 공부를 안 한다면 평생을 고통스러운 밥벌이를 위해 고생하면서 사는 삶을 감수해야 한다. 다시 말해 한국 사회에서 성공하려면 공부를 하지 않고는 어렵다는 사실을 명심해야 한다.

🌱 학벌 있는 나라,
우리나라 슬픈 나라.

학벌이란 같은 학교의 출신자나 같은 학파의 학자로 이루어진 파벌을 말한다. 보통 학벌이라고 하면 예전 우리나라의 족벌이나 문벌 등과 같은 생각을 떠올리게 되는데, 이는 학벌이 학력이라는 단순한 개념과는 전혀 다른 차원의 것임을 알 수 있게 한다. 곧 학벌은 단순히 가방끈이 길다는 얘기처럼, 교육 혹은 교양 수준의 정도를 뜻하는 말이 아니라는 것이다.

우리 사회에서 학벌이란 단어는 하나의 권력이자 신분이며 사회적 계층을 나타내는 의미로 통한다. 사람들이 흔히 하는 '학벌이 좋다' 라는 말은 봉건 시대 문벌 집안의 자손쯤 된다는 말과 통하고, '학벌 덕을 본다' 라는 말은 학벌로 연결되어 있는 사회적 관계망의 힘을 덧입는다는 말을 의미한다. 이는 우리 사회 내에서 좋은 학벌을 가진 사람이라면, 그 사람의 현재 능력과는 무관하게 일정 수준 이상의 지위와 권리를 획득할 수 있게 된다는 뜻이다.

학벌이란 건 어느 나라나 다 있다. 미국, 영국, 일본, 프랑스, 일본, 싱가포르 등등 없는 나라가 없다. 미국 하버드대학교 동창회는 미국 내뿐만 아니라 전 세계 주요 도시에 다 조직되어 있다. 일본도 고위 공직자 자리를 도쿄대 출신들이 장악하고 있다. 영국도 옥스퍼드대와 케임브리지대 출신들이 사회 중추적인 역할을 한다.

싱가포르는 아예 주요 공직자가 되려면 싱가포르국립대학을 나와야만 한다. 그렇지만, 그들 나라에서 학벌사회를 타파하자는 말은 들리지 않는다. 그런데 유독 우리나라에서만 서울대를 중심으로 하는 SKY 대학들의 학벌이 문제가 되는 이유는 뭘까?

모 국회의원은 한 대학 출신이 국무회의의 절반 이상, 국회 의석의 1/3을 차지하는 나라가 우리나라이고 대한민국은 학벌사회임을 천명하였다. 좋은 학벌을 이야기하는 대표적 예로 그 서열의 정점에 있는 서울대를 말할 수 있을 것이다. 현재 서울대는 국가로부터 타 대학과 비교할 수 없을 정도의 지원 아래 사회 기득권층을 배출하는 최고의 능력을 갖추고 있다. 실제로 서울대의 권력 독점 현상을 2002년 1월을 기준으로 해서 중앙 인사위원회 발표 자료를 보면 각 부처장·차관 61%, 검사장급 69%, 부장판사 83%, 재경부 74%, 외교통상부 75% 등으로 거의 서울대가 반수 이상을 차지하고 있다.

이처럼 현재 우리나라에서 좋은 학벌을 갖는다는 것은 기득권 세력에 편입할 수 있는 가장 확실한 방책이 되며, 이를 갖춘 개인에게는 특수한 사회적 계층으로 신분 상승의 효과를 맛보게 한다. 그래서 얻는 이점도 많다. 이는 한 개인이 노력한 결과에 의하여 사회적 엘리트 의식을 가지고 자신의 일에 책임을 가지고 임할 수 있게 한다는 장점이 있다.

당연히 능력 있는 사람이 더 나은 대우를 받아야 사람들이 더 노력하기 때문에 명문 대학 출신들이 우대를 받는 것은 당연하다. 그러나 세계의 명문 대학들은 학벌이 있어도 우리나라처럼 상층권력의 상당 부분을 차지하지는 않는다. 실제로 아이비리그와 같은 8개 명문 대도 상층권력의 20% 정도를 차지할 뿐이다.

우리나라의 학벌에 의한 권력 핵심부의 편중현상은 요즘이라고 달라진 것은 거의 없을 뿐만 아니라 권력의 핵심부가 이 정도라면 사회 전반으로는 학벌에 의해 고위직에 등용되거나, 원하는 직장에 취업하거나, 성공에 이르는 사람들의 비율의 편중은 얼마나 심할 것인가를 고민해야 한다. 실제로 좋은 학력을 갖지 못해 여러 기회에서 배척되거나 받는 불이익은 해당 당사자들에게는 더욱 절박하고 절망적일 수밖에 없다.

필자도 지방 대학을 나와 비명문 대학원에서 박사 학위를 취득한 사람으로 인맥은 물론 비빌 언덕이 없어 혼자의 노력만으로 험난한 세상을 개척하는 데는 절망감이 앞설 때가 많다. 가끔은 좋은 대학만 나왔다면 쉽게 될 일도, 좋은 대학을 나오지 못하여서 좋은 학벌을 가진 사람들보다 배 이상의 노력을 해야 하는 일이 너무 많다는 것을 박사학위를 취득하고 나서 더욱 절실하게 느끼고 있다. 좋은 학벌을 가진 사람은 어떤 기회든 지원하면 우선으로 생각해 줄 뿐만 아니라, 사회에서 성공하면 "당연하지" 하고 생각해주지만, 좋지 못한 학벌을 가진 사람이 어떤 기회에 지원하면 능력도 그 정도밖에는 안 될 것이라는 고정관념으로 밀리는 수가 많을 뿐만 아니라 성공하면 "노력을 많이 했나 보다."라고 대단하게 생각하는 경향이 있다. 이것은 그만큼 학벌이 좋지 못한 사람들에게 사회의 진입장벽이 높다는 것을 의미한다.

이러한 현상에 대하여 좋은 학벌을 가진 사람들은 학벌이 아니라 열심히 공부하여 얻은 학력의 결과라고 할 수도 있다. 또한, 그들은 학벌을 탓하는 사람들이 성공하지 못한 데서 오는 자격지심이라고 깎아내릴 수도 있다.

그러나 학벌이 사회의 평가 잣대가 되면 될수록 그 사회적 피해는 심각하다는 것을 깨달아야 한다. 한 예로 일류 대학 출신 정치인과 고위 공직자들이 대거 진출해서는 대형 부패 사건에 연루되어 자주 보도되고 있는 것을 보아도 높은 윤리 의식과 철학을 가지지 못하고 학벌에 의하여 등용된 사람이 많다는 걸 알 수 있다. 좋은 학벌을 가지지 못한 사람들이 한 번의 선택의 실수 때문에 평생 아무리 노력하여도 자기가 원하는 성공을 이룰 수 없다고 해보자. 소위 비명문 대학이나 지방 대학의 졸업자들은 절망감만을 얻게 될 것이다.

문제는 소수의 엘리트보다는 다수의 평범한 사람들이 자신의 능력 개발에 한계를 충분히 인식함에 따라 다른 사람과의 조화로운 삶이 불가능하게 될 가능성도 존재할 수 있다는 점이다.

좋은 학벌을 가지지 못한 사람은 그 사람의 현재 능력과 혹은 앞으로의 가능성과는 관계 없이 불이익, 차별, 소외를 경험하며 그 때문에 열등감과 패배의식에 젖게 될 수 있다. 가장 좋은 사회는 열심히 일하고 열심히 공부한 사람에게 기회가 공평하게 열려 있어야 하나 사회적인 현실은 그렇지 못하다는 것이다. 결국, 학벌에 의하여 자신이 원하는 목표의 실현이 배척당한다면 이들은 자기가 속한 사회를 원망하게 되고 자기가 속한 사회가 잘되지 않기를 바라는 이기주의 사회로 될 것이다.

모름지기 한 사회가 건강하려면 희망이 있어야 한다. 희망이 있어야 공부도 하고 싶고, 성공하려는 목표 의식이 생겨 사회는 건강해지고 발전한다. 그러나 학벌이 평가의 준거가 되는 사회는 더는 희망이 없다. 발전적인 생각으로 국가를 사랑하는 사람들은 줄어 갈 것이다. 필자와 같이 별 볼일 없는 학벌의 사람들은 원한다. "학벌 없는 우리나라 좋은 나라"를.

🌱 사회는 멀티플레이어를 원한다.

최근 학생들 사이에서 유행하는 경향 중 하나는 '다방면에 소질 있음'이라고 한다. 예전에는 공부를 잘하는 학생들은 공부만 잘하지 운동, 게임, 노는 것, 게다가 외모 가꾸는 것에 관심이 없었다. 그러다 보니 외골수처럼 한 가지만 잘하는 경우가 많았다. 그래서 오히려 운동, 게임, 노는 것, 게다가 외모 가꾸는 것에 관심이 많으면 공부를 못하는 학생들의 전형처럼 생각했던 적이 있다.

이제 시대가 바뀌어서 요즘의 젊은 세대들은 공부를 잘하는 학생들이 운동도, 게임도, 놀기도, 게다가 외모 가꾸기도 잘해야 비로소 친구들의 관심과 인기를 얻을 수 있게 되었다. 옛 어른들이 말씀하시던 '한 우물형 인간'에서 벗어나 '멀티플레이어형 인간'이 젊은 세대들의 인기를 얻고 있다는 것이다.

그러나 아직도 한 우물만 파기를 원하는 부모들이 많다. 오히려 여러 가지에 관심이 있는 자녀를 보는 부모는 "저 애가 커서 무엇이 되려고 저러는가?"하고 걱정을 하기도 한다. 한 우물만 판다는 것은 곧 그 분야의 최고가 된다는 것을 의미한다. 그런데 최고가 되고자 한우물만 파는 데는 많은 시간이 걸린다.

미국 메이저리그에서 활약하고 있는 한국의 프로야구 선수로 우리에게 유명한 박찬호 선수는 초등학교 때부터 타자로 야구에 입문하여 중학교 3학년 때 투수로 전환하였다. 고등학교를 졸업하고 대학교에 다니다 도미하여 메이저리그에 입문하였다.

그는 시카고 커브스와의 경기에서 메이저리그 첫 승리를 거두었다. 그해 48경기에 출전하여 5승 5패, 방어율 3.64, 탈삼진 119개를 기록했다. 다음해 다저스 선발 투수가 되어 여러 경기에 등판하여 14승 8패, 방어율 3.38, 탈삼진 166개로 내셔널리그 다승 12위, 방어율 14위, 탈삼진 13위에 자리했다.

아시아 경기대회에서는 한국 대표팀으로 출전하여 야구에서 금메달을 따는 데 중요한 역할을 하였으며, 메이저리그 선발 투수 톱10에 선정되었다. 이후 프리 에이전트(자유계약 선수)가 되어 텍사스 레인저스와 5년간 총 7,100만 달러(약 923억 원)를 받았다. 박찬호 선수가 지금처럼 성공하게 된 배경에는 초등학교 때부터 지금까지 약 20여 년을 한 우물만 판 정성이 깔려 있다.

미국에서 활동하고 있는 한국의 프로골프 선수인 박세리도 초등학교 6학년 때 처음으로 골프를 시작하여 고등학교 3학년 때 프로와 아마추어가 함께 출전하는 오픈 대회를 4개나 석권하여 가능성을 인정받았다. 프로로 처음 데뷔하여 레이디스 클래식 골프 대회에서 우승하였으며, 18세에는 최연소 우승 기록을 세웠고, 3개 대회를 석권하여 국내 골프 사상 3주 연속 우승의 대기록을 수립하였다. 그해 국내 대회에서 우승 4회, 준우승 6회, 평균 타수 1위(70.79타), 상금 순위 1위, 역대 최고 상금 기록, 최연소 우승 등 많은 기록을 세우며 한 해 동안 7억 원에 가까운 수입을 올려 국내에서 활동하는 운동선수 중에서는 최고 수입을 기록하였다. 그의 우승 소식은 계속 진행되고 있다. 박세리 선수가 지금처럼 성공하게 된 배경에는 초등학교 때부터 지금까지 약 15여 년을 한 우물만 팠기 때문이다.

보스턴 마라톤대회에서 우승한 한국의 마라톤 선수인 이봉주도 고등학교 1학년 때 육상 장거리에 입문하였다. 서울시청에 입단하면서 두각을 나타내기 시작하였고, 정봉수 감독의 권유로 코오롱에 입단해 황영조·김완기 등과 함께 훈련을 받았다. 도쿄 국제 하프 마라톤 대회에서 1시간 1분 4초의 한국 최고 기록을 수립하였다.

이후 세계적인 마라톤 경주 대회인 보스턴 마라톤대회에서 2시간 9분 59초의 기록으로 마침내 10분 벽을 돌파하였다. 보스턴 마라톤대회를 제패함으로써 남승룡 이후 51년 만에 우승컵을 한국으로 되찾아왔다. 이봉주 선수가 지금처럼 성공하게 된 배경에는 고등학교 때부터 지금까지 약 15여 년을 한 우물만 팠기 때문이다.

박찬호 선수, 박세리 선수, 이봉주 선수들이 성공한 공통적인 요인은 다른 곳에 눈을 팔지 않고 오랫동안 한 분야에서 한 우물만을 팠기 때문이다. 그러나 이러한 성공은 누구나 오랫동안 한 우물을 판다고 해서 아무나 할 수 있는 것이 아니다. 이미 이들은 그 분야에 어릴 때부터 뛰어난 재능을 가지고 있었으며 어린 시절부터 하고 싶은 것을 참으면서 피나는 개인적인 노력과 함께 주변의 지원이 있었기 때문이다.

🌱 공부는
평생 해야 한다.

'일일부독서 구중생형극(一日不讀書 口中生荊棘)' 이라는 말을 아는가? 이 글은 안중근 의사의 필체가 좋았고 거기에다 독특하게 수인(手印)을 찍었기 때문에 강렬한 인상을 주는 글로서 기억이 되고 있을 것이다. 대부분의 사람은 이 글을 안중근 의사가 처음 쓴 말로 알고 있지만 사실은 예전의 중국 문헌에 나오는 말이다. 이 글에 대한 일반적 해석은 "하루라도 책을 읽지 않으면 입안에 가시가 돋는다."라고 하지만 사실은 "하루라도 책을 읽지 않으면 남을 중상모략 하기가 쉽다."라는 의미이다. 현대적으로 해석해 보면 우리가 하루라도 책을 통하여 인격적 수양을 게을리하면 인격적 결함이 드러날 수 있다는 정도로 해석을 하면 좋은 글귀이다. 나아가 이 의미는 하루라도 공부를 하지 않으면 이상하게 느껴질 정도로 공부를 꾸준히 하는 습관을 길러야 한다는 것을 의미한다.

우리는 학교 교육이 공부의 끝이라고 생각한다. 그래서 OECD 국가에서 독서율이 가장 낮고 성인들이 공부를 안 하는 나라로 나타났다. 그러나 과연 공부를 안 하고도 세상을 살 수 있을까? 그것은 결코 아니다. 새로운 가전

제품이 나오면 설명서를 놓고 사용 방법을 익혀야 하며, 새로운 시대의 정책이나 법규의 변화를 모르면 불이익이 생기게 된다. 결국, 공부를 평생 해야 함을 의미한다.

굳이 공부에 대한 찬미를 통하여 공부할 것을 선도하지 않더라도 세계는 빠른 변화를 요구하고 있기 때문에 우리는 공부를 평생 해야 하는 시대에 놓여 있는 것이다. 세계 최고의 재벌로 컴퓨터 업계의 발전을 주도하는 마이크로 소프트 사의 회장 빌 게이츠는 "생각의 속도만큼 빠르게 사회는 변하고 있어 살아남으려면 이제 속도전으로 향하지 않으면 안 된다."고 말했다. 우리가 세계적인 정보 통신 인프라를 갖게 된 이유도 급변하는 기술 세계에 속도전으로 적응했기 때문이다. 세계 최고의 정보 통신 기술을 가졌다고 안주하기에는 이르다. 우리나라를 목표로 하여 가까운 일본이나 중국 서구 유럽에서 급속하게 박차를 가하고 있기 때문이다.

미래 사회는 급속한 변화를 예고하고 있다. 불투명한 미래에 대처하도록 우리는 지금, 변해야 산다는 것을 인정하는 분위기다. 그러나 변하는 방향에 대해서는 의견이 분분하다. 미래를 준비하려면 그에 맞는 전략이 필요하고 전략은 그때그때의 상황에 맞는 전술로 바꿔야 한다. 전쟁에서는 전략이 승리라는 목적을 달성하기 위한 방향이라면 , 전술은 상황에 따른 효율적인 운영 방법을 의미한다. 불투명한 미래에 대비하려면 우리는 학습이라는 큰 전략을 세우고 상황에 맞는 전술로 대처를 해나가야 한다. 학습이라는 전략 아래 취업을 위해서는 취업에 맞는 지식으로 변화를 해야 하고, 풍요로운 삶을 위해서는 삶의 질을 향상시킬 수 있는 참살이 지식이 필요하다.

그러나 우리가 미래를 대처하는 학습을 하지 않는다면 커다란 미래를 보지 못하고 오직 눈앞의 문제를 해결하기 위한 전술만이 난무할 뿐이고 이러한 전술은 삶을 고단하게 하는 일이며, 삶을 즐기며 사는 여유는 누릴 수 없는 인생이 될 것이다.

이것은 미래에 대한 막연한 꿈을 꾸는 것이 아니라 평생 학습할 구체적인 밑그림을 그리자는 것이다. 우리 국민 개개인이 미래에 대한 준비로 학습하면 비로소 어떠한 상황이 와도 국민 개개인은 대처할 수 있는 여유가 생겨 삶이 풍요해질 것이다. 이런 식으로 국민 개개인이 자기 계발을 한다면 그 국가는 바로 선진국에 들어설 수 있다. 소크라테스는 진리를 찾는 과정을 시작하려면 자신의 무지를 깨달아야 한다고 하였다. 우리가 미래에 대처하는 준비를 할 수 있는 것은 스스로 상황의 어려움을 깨달았을 때 가능하다.

공부는 학생들만의 일이라고 치부하기에는 우리가 사는 이 시대는 너무 빨리 변하고 있다. 미래 시대에 생존하려면 평생 공부를 해야 한다는 것을 의미한다.

🌱 자녀 교육에
기적은 없다.

자녀 교육을 위한 우리나라 부모의 열성은 세계적으로 유명하다. 특히 급격한 변화에 따른 교육환경에서의 안전 불감증과 현대 가정에서의 자녀양육의 높은 교육열이 옳게 방향을 잡지 못하여 계속적인 문제를 야기하고 있다. 그중에서도 조기교육 열풍은 이제는 일부 계층의 극성스러움으로 흘릴 수 없는 지경이 되었다.

그동안 우리 두뇌를 연구해온 많은 학자의 공통된 견해가, 성인 지능의 50%는 4세 이전에, 80%는 6세 이전에 발달한다는 학설이 나올 정도로 아동의 두뇌 발달은 이미 학령기 이전에 상당히 진행되고 있다. 이 시기의 아동은 신체적, 정신적, 사회적인 면에서 발달이 진행 중이기 때문에, 그래서 교육학자들은 아동의 감각, 운동, 언어, 사회성 발달을 촉진하는 교육적 환경을 체계적으로 제공해 주면 아동의 발달을 크게 증진시킬 수 있다고 한다. 이처럼 그 발달 시기마다 적절한 교육적 환경을 제공해야 하는데 그것을 결정적 시기라고 한다.

아동의 결정적 시기는 매우 다양해서 발달 단계에 따라 제공해야 할 적절한 자극이나 환경 또한 무척이나 다양하다. 그러나 최근의 대다수 신세대 부모들은 아동의 결정적 시기에 주는 적절한 자극이나 환경으로 잘못된 조기교육을 선택한 사람들이 많다. 조기교육은 교육적인 기본 지식을 갖고 해야 하지만, 남들도 다 하는 것이니 나도 한다는 식으로 경쟁적으로 하다 보니 조기교육으로 말미암은 부작용이 발생하고 있다.

현재 우리의 조기교육은 0세부터 시작하는 다양한 교육 프로그램이 선풍적인 인기를 끌고 있다. 이제 겨우 목을 가누기 시작하는 아이에게 영어 VCR이나 카드를 무조건 보여주고, 우리말도 제대로 발음할 줄 모르는 아이에게 어려서부터 영어를 접하게 하겠다고 영어 유치원에 보내는 부모를 만나기 어렵지 않은 일이다. 심지어 발음을 좋게 하겠다고 혀 밑을 잘라주는 수술이 유행할 정도다(동아일보, 2002. 4. 1). 1부터 10까지 숫자도 셀 줄 모르는 아이를 수학 교실에 보내고, 음악이나 미술 학원에 시간표를 맞추어 보내는 일은 이제 유별난 엄마들의 튀는 행동이 아니다. 한참 재롱부릴 나이의 아이들에게 외국 어학연수는 필수이고 조기 유학은 선택이라고 한다.

그러나 유아기부터 영어 시청각교재를 보거나 원어민 교사로부터 학원·과외수업을 받는 학습법이 성장 이후 영어 구사력에 별 도움이 안 된다는 연구결과가 나왔다. 서울대 전종섭 교수의 '유소년기의 다양한 영어 학습 방법이 고급 영어 구사 능력 달성에 미치는 장기적 효과에 대한 연구'(2005)에 의하면 어린 시절 영어 학습지 구독이나 시청각 교재 경험이 많은 학생보다는 외국 체류 기간이 길거나 고급 수준의 문법, 독해, 어휘, 듣기공부에 많은 시간을 투자한 학생의 영어 구사력이 뛰어난 것으로 분석됐다.

설문 조사에서는 또한 유치원 영어교육, 영어학원·과외수업, 초등학교 영어수업 등도 성인이 됐을 때 영어실력을 보장하지는 않는 것으로 나타났다. 그러나 영어 조기교육을 받는 동안 당연히 아동들은 효과가 있는 것처럼 보여 성인기 영어실력 향상에 도움이 될 것이라는 생각을 하지만 이는 일종의 착시 현상이라는 것이다. 전 교수는 "영어실력을 향상시키려면 결국은 학습자 스스로 머리 싸매고 공부해야 한다는 것이 평범한 진리"라며 "과도한 사교육비 투자가 영어실력향상을 보장하는 것은 아니다."라고 밝혔다.

이렇듯 아이가 주어진 모든 자극과 지식을 무한적으로 받아들일 수 있다고 생각하는 것은 잘못이다. 뇌는 시기별로 발달하므로 뇌의 발달 정도에 따라 그때그때 알맞은 교육을 해야 한다. 한창 부모에게 사랑받고, 뛰어놀아야 할 아이의 정신적·신체적 발달 수준을 무시하고 경쟁하듯 교육현장으로 내모는 부모의 지나친 교육열은 오히려 아이에게 치명적인 상처를 줄 수도 있다. 뇌 발달이 제대로 이루어지지 않은 상태에서 여러 가지 지식만을 주입하면 오히려 공부에 흥미를 잃게 된다. 그뿐만 아니라 과잉 학습 장애증 또는 스트레스 증후군이라 하여 자폐증, 우울증, 폭력성, 복통, 설사 등 정신적·신체적으로 심각한 결과를 가져오게 된다.

그렇다고 조기교육이나 영재교육을 하지 말라는 얘기가 아니다. 조기교육은 하되 아이가 받아들일 수 있는 만큼씩만 해야 한다. 영재교육이 둔재를 영재로 만들어주는 기적을 일으키지는 않는다. 참다운 영재를 찾아내 영재가 둔재교육 때문에 자기의 능력을 충분히 개발하지 못하는 일이 일어나지 않도록 하는 것이 영재교육의 목적이다.

아무리 효과가 있는 조기교육이나 영재교육 프로그램이라 해도 침팬지의 두뇌를 인간의 수준으로 발달시킬 수는 없다. 물론 조기교육을 하면 처음에는 잘하는 듯하지만 기초가 튼튼하지 못하여 학습발달이 오히려 더디게 될 뿐만 아니라 혼자 책상에 앉아 공부하는 시간이 많던 아이는 사회성이 부족하여 교우 관계가 원만하지 못하고 몸도 허약한 경우가 많을 뿐 아니라 심각한 부작용을 일으킨다. 조기교육, 득실을 따져 정확히 알고 하자.

공부를 안 하는 부모 2

엄마의 권위

"여자는 결혼을 하면서 참으로 많은 준비를 한다.
장롱도 사고, 냉장고도 사고, 세탁기도 사고, 텔레비전도 사고,
비디오 오디오도 사고, 거실에 놓을 커다란 장식장도 사고,
침대도 큰 것으로 새로 사고….
그런데 그렇게 많은 것을 새로 장만하면서 결혼하는데도
결혼하기 전에 쓰던 아주 귀한 물건 하나를
너무도 쉽게 잃어버리고 마는데 그게 바로 책상이다.
한 가정에서 아내의 자리거나 엄마의 또 다른 자리가 책상에서 돌아온다.
어쩌면 한집안에서 엄마의 가장 기본적인 권리가
바로 그 책상 위에서 나오는 것인지 모른다."

이순원-아들과 함께 걷는 길에서

🌱 학생 때는 공부 많이 하는 나라, 성인이 되면 공부 안 하는 나라.

우리의 교육열이 높다는 것은 세계적으로 정평이 나 있다. 교육열이란 개념은 매우 추상적인 개념인데 이것은 교육 동기의 정도를 표현하는 한 가지 언어로 생각할 수 있다. 교육열에 대한 사전적 의미는 "교육에 대한 열성"으로 일반적으로 교육에 대한 '욕구', '욕망', '열기', '열의' 등의 개인적 또는 집단적 심리를 지칭하는 것으로 정의되고 있다. 따라서 교육열은 교육에 대한 동기 그 자체가 아니라, 교육 동기의 정도를 나타내는 것으로 교육 동기가 대단히 높은 경우 그것을 교육열이라고 부를 수 있다.

우리나라가 교육열이 높다는 증거를 가장 먼저 찾아 볼 수 있는 것은 입시 위주의 교육을 통한 대학 진학에서이다. 한 연구에 의하면 자녀를 대학 이상의 교육을 받게 하고 싶다는 학부모가 전체의 95%가 되고 있으며, 자녀 교육을 위하여 어떠한 희생도 감수하겠다는 학부모도 90%에 가깝다는 결과가 나왔다. 그 결과 우리나라의 학생들은 초등학교에 입학하기 전에도 학원을 서너 개씩 다녀야 하고 초등학생이 되어 방학 때면 사랑하는 부모를 떠나 낯선 곳에 가서 어학연수나 영어 캠프에 참가해야 하며, 중학교, 고등학교에 진학하면 늦은 밤까지 돌덩어리보다 무거운 가방을 메고 학원을 전전하며 밤새도록 공부로 세월을 보낸다. 그래서 우리나라의 대학 진학률은 85%로 거의 세계 최고 수준이다. 이것은 세계 최강국인 미국의 61%보다, 아시아의 경제대국 일본의 50%보다 엄청나게 높은 것이고, 대졸자도 10년 새 2.5배로 늘리는 교육에서의 한강의 기적을 이루었다.

물론 이러한 현상이 일어나는 것은 우리 사회가 구성원에 대한 가치를 학벌이나 학력 또는 성적 등으로 꼽는 것에 기인한다고 할 수 있다. 그만큼 우리 사회가 학벌이나 학력 또는 성적을 중요시한다는 것을 반영하는 것이다.

그러나 문제는 이러한 생활을 보낸 학생들이 성인이 되면 공부를 안 한다는 것이다. 교육정책 2001 보고서에 따르면, 한국 성인들은 고교나 대학을 졸업한 후 재교육을 받는 비율이 4%로서 OECD 회원국 중 최하위라고 지적하였다. 또한 한국개발연구원(KDI)의 통계에 따르면 우리나라 25세 이상 64세 이하 성인남녀의 평생학습 참여율은 23.4%에 머물고 15세 이상 국민 전체로 하면 21.6%로 이보다도 못 미치는 것으로 파악됐다. 이 같은 비율은 OECD의 조사 결과에서 나타난 다른 국가들의 평균 참여율 44.0%의 절반에 불과한 수준이다. OECD 조사에서는 핀란드가 64.8%로 가장 높았고 덴마크(60.1%), 스웨덴(59.2%), 영국(53.7%), 노르웨이(53.5%) 등이 50%를 넘었다. 특히 근로자들의 숙련과 직결되는 직무 관련 평생학습 참여율은 14.1%로 40% 선인 미국이나 영국의 3분의 1도 안 되는 것으로 나타났다.

요즘 대부분의 국가는 학습강국을 지향하고 있다. 학습이야말로 국가가 성공하는 데 가장 큰 경쟁 우위에 있는 요인으로 보기 때문이다. 일본의 경우를 보면 경제 불황기에 교육을 더욱 강화하여 불황을 더욱 빨리 끝내고 지속적인 발전을 이룰 수 있었다고 한다. 그래서 일본 사람을 예전에는 "경제적 동물"로 헐뜯었으나 요즘에는 "학습의 동물"이라고 하며 그들을 따라서 많은 나라가 배우고 있다. 일본의 힘은 좋은 물건의 생산에 있는 것이 아니라 전철 안에서 책을 읽는 일본 국민이라는 것이다. 일본의 저력은 바로 성인들의 학습에서 나온 것이다. 우리나라의 전철 안을 보면 승객 대부분이 눈을 감은 채 졸면서 소중한 시간을 낭비하고 있다.

우리나라와 같이 부존자원이 많지 않은 나라에서 할 수 있는 일은 인적자원 개발밖에는 없다. 지금까지 우리나라가 이만큼 성장하게 된 것도 인재를 배출하여 그들이 현장에서 온갖 노력을 다했기 때문이다. 이제 국가간의 경쟁이 치열해지는 시점에서 공부 안 하는 성인이 많은 나라는 경쟁에서 뒤처질 수밖에 없다.

🌱 우리는
왜 공부가 싫은가.

OECD의 보고서를 통해서도 알 수 있듯이 한국의 어른들은 어린이들에게는 '공부하라, 공부하라' 입버릇처럼 말하면서 정작 자신들은 공부하는 것을 꺼리는 것으로 나타났다. 이처럼 성인이 되어서 공부를 안 하는 이유는 무엇일까? 세 가지의 이유를 들 수 있겠다.

첫째는 교육의 목표가 지나치게 입시 위주의 교육을 지향해 학교를 졸업하면서 목표를 상실하기 때문이다. 둘째는 그 많던 교육열이 이제는 자신을 위한 것이 아니라 자녀를 위한 교육열로 전이되고 있기 때문이다. 셋째는 어려서부터 학교가 학생에게 공부하는 방법보다는 지식 위주의 암기 교육을 한 탓도 있다. 그래서 학교를 졸업한 후에 목표도 이미 달성한 이상 자신을 위해서 공부를 어떻게 해나가야 하는지를 모르는 것이다.

우리는 초등학교에서 대학교까지 16년간 학교 교육을 받아 왔다. 그러나 현재 우리가 기억하고 있는 양은 우리가 교육받은 전체의 양에 1%에도 미치지 못한다고 한다. 왜 그럴까? 16년 동안의 학교생활 중 우리 귀에 못이 박이도록 들은 얘기는 단 하나 "열심히 공부해라!" 라는 것이다. 아무도 어떻게, 왜 공부를 해야 하는가에 대한 구체적인 방법과 이유를 제시하지 않은 채, 무조건 이해하고 기억하라는 식의 주입식 암기 교육의 횡포 앞에 우리의 창의성과 선천적인 능력이 조금씩 고갈되어 간 것이다. 그러니 공부는 재미가 없는 것이 된 것이다.

필자가 이제 막 대학교에 입학한 학생들과 처음 마주치면 꼭 묻는 것이 있다. 대학에 들어와서 제일 하고 싶은 것이 무엇이냐는 것이다. 그런데 어떤 학생 하나가 "고등학교에서 징그럽게 공부한 기억을 지우기 위해서 그동안 공부했던 책을 전부 모아 놓고 불을 지르겠다." 라고 말하는 것을 들은 적이 있다. 얼마나 공부가 징그러웠으면 저런 생각을 할까? 라는 생각을 해보았지만 요즘의 많은 대학생이 대학만 가면 모든 것이 이루어진다고 생각하여 대학에서는 공부를 게을리하는 것을 볼 수 있다.

사회에 나와서도 마찬가지로 기업에서는 신입 사원 1인당 수천만 원의 교육비를 투자하여 인재를 양성하고 있다. 그러나 그 결과는 연수원을 벗어나는 순간, 거의 모든 교육 내용을 망각해 버리는 경우가 많다. 그래서 비용만 많이 들였지 교육의 효과가 전혀 없는 교육들이 많은 것이 현실이다.

도대체 왜 이런 현상들이 반복되고 있는 것인가? 이러한 이유는 공부를

 공부하는 부모가 공부 잘하는 자녀를 만든다

원대한 목표로 보지 못한 결과라고 할 수 있다. 공부가 무엇인지 모르고 공부를 열심히 한다는 것은 원대한 목표 없이 단순하게 학교에서 눈앞의 시험이나 진학, 취업 문제만을 해결하는 것이 전부라고 생각하는 것이다. 그래서 공부가 인생을 풍부하게 만들어 주는 것이라기보다는 경쟁에서 살아남아야 하는 것으로 생각하게 된다. 그러니 공부가 재미있겠는가?

원대한 목표를 위해서는 공부를 수동적이 아니라 능동적으로 해야 한다. 능동적인 자세는 목표를 수행하는데 적극성을 주고 결국은 성공에 이르게 하는 강력한 힘을 준다. 그래서 우리가 공부를 잘하기 위해서 가장 중요한 것은 원대한 목표를 세우는 것이라 할 수 있다.

🌱 당신의 경제 수명
   얼마나 남았나.

당신이 제아무리 능력이 있고, 신체가 건강해도 실질적인 경제 활동을 할 기회에서 제외된다면 어떤 생각이 들까? 아마도 깊은 좌절감에 빠질 것이다. 그런데 요즘의 직업시장이 점점 젊은 나이에 직장을 그만두게 하는 풍조로 가고 있다. 문제는 우리의 일 할 경제 수명은 짧아지는 데 비하여 신체 수명은 늘어나는 것이다.

최근 의료 기술의 발달은 암과 유전 질환 등을 치료할 수 있는 획기적 기술을 개발, 상업화에 성공하는 등 불치병 치료와 더불어 생명 연장의 꿈이 점점 현실화되고 있다. 실제로 우리나라 노인의 평균 수명은 1960년에 52.4

세였던 것이 약 40년 동안 빠른 속도로 증가하여 2000년에는 74.9세, 2002년에 약 25세가 증가한 76.53세가 되었다. 앞으로 평균 수명은 이같이 계속 증가하여 게놈 프로젝트가 완성되는 2010년에는 평균 수명이 100세가 될 것으로 추정하고 있다. 이러한 첨단 과학 및 의학의 발달 덕에 인류의 수명이 점점 늘어날 수 있다는 것은 상당히 고무적인 일이지만, 마냥 좋아만 할 수 없는 일이다. 장수의 뒤에 숨어 있는 문제는 이미 우려를 넘어 심각한 수준에 이른 상태이다.

　노령 사회로 진입함에 따라 크게 3가지 문제를 들 수 있다. 첫째는 현재까지의 평균 정년은 54세로 한창 일 할 나이에 직장을 그만두어야 하는 것이다. 수명이 길지 않았던 시절에는 정년퇴직 후 길어야 한 20년 살면 그만이었다. 이제 100세 시대를 맞아 한창 젊은 50대에 퇴직한다면 우리는 나머지 50년 동안 무엇을 하며 어떻게 살아야 하는가를 심각하게 고민해야 한다. 둘째로, 우리나라는 2019년 이후 노인 인구가 14%로 증가하고, 2025년에는 초고령화 사회인 20%에 도달하여 인구 5명 중 하나는 노인이 된다고 예측하고 있다. 그렇게 되면 노인 숫자가 어린이보다 많아질 것으로 전망됐다. 결국, 일할 사람은 부족하고 국가의 재정은 노인 인구를 부양하는데 쓰여 경제 전반의 성장 잠재력은 급속히 하락할 것으로 전망된다. 셋째는 노후 대책으로 국민연금에 기대를 하는 사람들이 많다. 그러나 기대를 빨리 깨야만 노후를 안정적으로 보낼 수 있다. 앞에서 지적한 것처럼 30대가 연금을 지급받을 시점인 30여 년 후에는 인구 구조가 기형적으로 형성이 될 것이라는 점에 유의를 해야 한다. 젊은 세대가 적고, 노인 세대가 많아서 세대 간 부양의 형태에서 예상되는 연금 금액이 적어질 가능성이 충분히 크기 때문이다. 그래서 국민연금을 관리하고 있는 국민연금관리공단과 미래를 내다보는 학자

 공부하는 부모가 공부 잘하는 자녀를 만든다

들은 공공연하게 이야기하고 있다. "국민연금은 최소한의 생활수준을 유지하기 위한 제도이니 추가적인 자금은 연금저축 등을 통해서 준비해야 하거나 일을 가져 생계를 유지해야 한다." 라는 것이다.

모 국회의원의 발표 중에는 국민연금 기금 규모는 2035년 1,715조로 최고에 달했다가 2036년부터 급속히 감소해 2047년 고갈이 예상된다고 지적했다. 결국, 30년 후가 되면 아무도 노인들을 지켜주지 못한다는 것을 의미한다. 우리 스스로 지금부터 준비해야 한다는 것을 말해준다.

그럼 젊었을 때 돈을 많이 벌고, 퇴직 연금으로 부족함이 없는 사람들도 마냥 놀고먹으며 여생을 보내면 행복할까? 시설 좋은 실버타운에서 여생을 편하게 보내면 행복할까? 당연히 전혀 아니었다. 처음에는 일을 떠나 쉴 수 있다는 생각에 긍정적이었으나 얼마 가지 않아 하루하루를 무의미하게 보낼 수밖에 없는 자신의 모습에 무력해지기가 쉬웠다. 또한, 공기 좋고 산 좋은 실버타운에 있던 노인들은 매일 옆에서 죽어 나가는 동료로 말미암아 희망이 없다고 실버타운을 뛰쳐나오기도 한다. 그래서, 퇴직금을 충분히 받으면서 안정적인 노후를 보낼 것으로 생각하였던 노인들도 사회에서 자신을 필요로 하는 곳이나 일을 찾도록 자기 계발을 하는 것이 유행처럼 번지고 있다. 회사에서는 이런 문제를 해결하고자 퇴직 전 교육을 통하여 퇴직 후 새로운 일거리를 찾아주기 위한 노력을 전개하고 있다.

정부도 이러한 문제를 적극적으로 해결하고자 노인 일자리 지원 사업을 추진 중이다. 노인들에게 일자리 3만 5,000개를 창출하고자 올해 정부 예산 425억 원을 책정하여, 예산은 각 시·도와 산하 시·군·구 등 지방 자치단체의 형편에 맞춰 적절히 할당하여 노인 일자리 지원 사업을 벌이고 있다.

그러나 지금까지 나온 노인 일자리라는 게 주로 자립지원형인 지하철 택

배나 세탁소 운영, 도시락 배달 등의 일자리와 교육형 일자리인 숲의 생태·
문화재 해설사와 교육 강사 등의 일자리가 있으며, 복지형 일자리인 홀로 사
는 노인과 고령·중증장애 노인 등을 보살피는 일을 하게 된다. 그나마 현
재 정부가 시행 중인 노인 일자리 사업의 혜택을 받는 노인은 생각보다 적어
전국에 100만 명에 이르는 노인이 취업을 희망하고 있다는 점을 고려하면
이는 턱없이 부족한 숫자다.

그래서 요즈음 젊은이들은 미래가 불안하고 초조하다. 다가올 초고령 사
회가 어떤 재앙을 줄 것인가를 알기 때문이다. 여러분은 정년 이후의 시간
을 어떻게 계획해 놓았는가? 돈의 많고 적음을 떠나 하고 싶을 때까지, 할 수
있을 때까지 경제 활동에 동참하는 방법은 없을까? 방법은 바로 지금부터
미래를 대비하여 제2의 인생을 살 준비를 하는 것이다. 이제 1백 세 시대에
노인들이 일하는 것은 선택이 아니라 필수인 시대가 온 것이다. 경제적으로
준비를 못 한 사람은 부족한 생활비를 충당하도록, 경제적으로 여유가 있는
사람은 정신 건강을 위해서라도 반드시 일을 해야 하는 시대가 온 것이다.

당신의 경제 수명은 몇 년일까. 곧바로 점검해 봐야 할 것이다.

🌱 노인이 되면
다시 공부를 요구하는 사회.

산에도 지하철에도 갈 곳 없는 노인들이 넘쳐난다. 다리 밑에는 갈 곳 없는
노인들이 옹기종기 모여 화투나 장기 등으로 시간을 보낸다. 급속한 고령화

사회의 추세 속에 노인 생활시설 확충이 시급하다는 여론이 높다. 맞벌이 부부 증가 및 핵가족화로 노부모를 부양하기 어려운 가정이 늘고, 양로원·요양원에 대한 인식이 달라지면서 유료 노인생활시설을 희망하는 노인들이 급증하고 있지만 이 시설에 대한 정부의 관심과 민간의 투자는 여전히 후진국 수준에 머물고 있다.

노인들이 집을 나와 취업을 희망하지만 일자리가 턱없이 부족하다. 일자리가 부족한 상태지만 나름 퇴직 전에 준비를 한 노인들에게는 일 할 자리가 충분하다. 자기의 가치보다 높은 대우를 받으며 일하는 노인들을 보면 이해가 갈 것이다.

그러나 일자리를 갖지 못한 노인들이 그냥 집에 앉아있기만은 너무 인생이 길기만 하다. 그래서 노인 복지회관마다 이용 희망자가 몰리고 있다. 늦은 나이이지만 다시 세상을 자율적으로 살아가려면 배워야 한다는 생각에서 시작하기도 하지만, 딱히 소일거리가 없는 노인들에게 공부는 하나의 여가로도 좋다.

일본은 이미 각종 평생교육 기관에 가보면 노령 국가답게 노인들이 대부분이다. 그들은 평생교육 기관에서 배우면서 기쁨을 느끼며 여생을 살아가고 있다. 공부가 징그러웠을 젊은 세대를 지냈을 그들이 선택한 것은 다시 공부를 시작하였다는 것이다.

이러한 현상이 이제 우리나라에서도 시작되고 있는 셈이다. 처음에는 노인 복지관에 가면 공짜로 컴퓨터도 배우고 운동도 하고 밥도 먹을 수 있기 때문에 노인들이 선호하였다. 그러나 점차 노인 수요자의 참여 욕구에 비하여 복지회관의 수용 규모와 프로그램이 충분하지 못하여 '길거리 노인' 을 양산하고 있다.

A라는 노인 복지회관에서는 수강생 모집 공고를 내면 3배 이상 많은 수강 희망자가 몰려 문전성시를 이루며 이러한 현상은 점차 높아지고 있다고 한다. 특히 컴퓨터 강좌나 건강 관련 강좌 등 최근 인기가 높은 사회 교육 프로그램은 수강 신청 후 최소 6개월 이상 기다려야 하며, 수강생 모집이 끝나도 문의가 쏟아지고 있다고 한다.

이처럼 학습이 하나의 노인 여가의 중요한 자리로 자리를 잡는 것은 바람직하다. 노인들의 학습에 대한 관심은 여가나 취미에만 있는 것이 아니라 정식 학력인증에도 상당하다.

J 할머니는 고졸 검정고시에 74세의 최고령자로 시험을 보았다. 성장기 일제 식민지 시대를 살았던 J 할머니는 "당시에 여자가 공부해야 할 필요성을 느끼지 못해 중학교를 다니다가 중퇴했다"고 한다. 그러다 영어선생을 하는 남편을 만난 뒤 상대적으로 초라한 자신의 학력에 평생 마음이 불편하였다고 한다. 늦은 나이에 공부를 하게 된 데에는 남편이 자극제가 되었다.

J 할머니가 뒤늦게 학업에 불을 붙인 것은 영어를 배우고 싶어 영어학원에 등록한 게 계기였다. 그러나 학원은 기초가 부족한 할머니에게 도움이 되지 못했다. 그래서 할머니는 우연히 라디오를 통해 알게 된, 입학에 나이 제한이 없는 중학교에 다닐 결심을 했다. 할머니는 가족들의 열띤 응원 속에 69살의 나이에 중학생이 됐다. 할머니는 이후 3년 동안 한 번도 지각, 결석을 하지 않았을 뿐만 아니라 줄곧 반장까지 하며 모범학생으로 지냈다.

매일 아침 할아버지에게 설거지를 맡겨 놓은 채 책가방을 들고 집을 나선 할머니는 집에서 학교까지 가는 단 한 대밖에 없는 시내버스를 기다리며

'비가 오나 눈이 오나' 열심히 다녔다. 그러나 그런 J 할머니에게도 시련은 있었다. 의욕은 누구보다 앞섰지만 나이를 속일 수는 없었던 것. 어느 추운 겨울날, '내가 이 나이 먹고 무슨 짓인지 모르겠다' 고 생각한 할머니는 남편에게 "그만 다니겠다"며 떼를 썼다. 그러자 남편 안 할아버지는 "학문은 죽을 때까지 해도 못 다 배우는 것이니 열심히 다녀라."라고 달랬고, 그래서 마음을 다잡았다.

중학교를 졸업한 후 J 할머니는 검정고시 학원에 등록하여 4개월간 밤 12시까지 '죽기 살기'로 공부했다. 젊은 동료보다 앞서려고 몇 곱절은 더 열심히 해야만 하였다. 하루 4시간 이상 자 본 적이 없을 정도로 열심히 공부하면서 그전에 못 느끼던 새로운 인생도 열리고 자신감도 얻게 되었다.

그렇게 중학교 졸업 후 4개월간 공부한 J 할머니는 고졸 검정고시에서 합격의 영광을 누렸다. J 할머니가 검정고시에 합격함에 따라 못 배운 한을 늦게나마 풀게 되어 그걸로 만족했으나 손녀들이 아주 좋아하였으며 할아버지도 보는 눈이 달라짐에 따라 더욱 기쁨을 느꼈다고 하였다. J 할머니는 앞으로 건강이 허락하는 한 4년제 대학에서 일본어를 전공할 생각이며, 대학을 졸업한 후에는 일본어를 배우고 싶어하는 사람들에게 무료로 봉사를 해주는 것을 작은 목표로 삼고 있다.

K 할아버지는 75세의 고령으로 박사과정에 입학하면서 언론에 화제가 되었던 인물이다. 이제 4년의 공부를 마치고 80 나이에 국내 최고령 연구논문 박사학위 취득자가 되었다. 하지만, 그는 여기서 그치지 않고 노벨 의학상에 도전하겠다며 의욕을 불태우고 있다. 그에게 나이는 단지 숫자에 불과한 것일까.

K 할아버지는 서울대 수의학과를 졸업하고 37년간을 과학교사로서 평범하게 살아왔다. 군이 특별한 점을 찾는다면 독실한 기독교 신자로서 범사에 감사하며 성실하게 살고자 노력했고, 손에서 책이 떨어진 날이 없을 만큼 지적인 욕심이 컸다는 정도일 것이다. 붓글씨 쓰는 것을 좋아하고, 세계 각국의 배지를 모으는 취미를 즐겼던 K 할아버지는 공부를 좋아하는 성격 탓에 환갑을 넘어선 나이로 한양대 교육대학원에서 생물학 석사학위를 받기도 하였다.

하지만 타고난 건강 체질도 아닌 그가 뒤늦게 공부하는 것이 쉽지는 않았다. 특히 사흘이 멀다 하고 병원 신세를 질 정도로 여러 질병으로 고통을 받았다. 그는 병원에 의지하는 것보다 스스로 건강을 얻는 방법을 찾던 중 자연스럽게 건강요법에 관심이 기울어 다양한 건강법을 섭렵하던 중에 요료법(尿療法)을 알게 되면서 일생의 전환점을 맞이하였다.

가족들도 모르게 박사과정 입학시험을 준비해온 K 할아버지는 결국 단국대학교 식품영양학 박사과정에 국내 최고령으로 합격하였다. 젊은이들과 당당히 겨룬 결과였다. 노인이라고 우대를 바라지 않았다. 손자뻘 되는 동급생과 똑같이 실험실에서 매일 실험자료와 씨름해야 하는 이학 박사과정이 결코 쉽지는 않았을 것이다.

왜 노인들이 지긋지긋한 공부를 다시 시작하려는 것일까? 공부는 미래를 지켜주는 힘이기도 하지만 현재의 여가 생활이 되기에 충분하다는 것이다. 공부를 통해 모르는 것을 알게 되는 삶, 그것이 바로 기쁨이에 공부를 선택한 것이다. 여러분도 늙어서 공부하지 말고 지금부터 공부를 하면 어떨까?

🌱 미래는
벼룩만 살아남는다.

뜬금없이 벼룩이 살아남는다는 말이 매우 의아할 것이다. 필자도 박사과정 지도교수가 필자에게 가장 잘 어울리는 형이 벼룩형이라는 말을 했을 때 의아했다. 벼룩형 인간은 세계적인 경제평론가 찰스 핸디가 자신의 저서 《코끼리와 벼룩》에서 인용한 말이다. 찰스 핸디는 거대 조직(코끼리)의 일원인 것이 인생의 전부였던 시대가 끝나고 이제 개인(벼룩) 스스로가 조직인 사회가 온다고 예견한다. 즉 어느 학교를 나와 어느 직장에 있느냐가 인생의 밑그림을 결정하는 시대가 끝났다는 것이다.

코끼리들의 조직에서는 내가 아니라도 일을 대신해 줄 사람이 있었고, 일이 잘못되어도 숨을 곳이 늘 있었다는 것이다. 그래서 급변하는 사회에 민첩하게 적응하기 어려울 뿐만 아니라 치열한 생존경쟁에서 뒤질 수밖에 없다는 것이다. 반면에 벼룩형 인간은 창의성을 가지고 급변하는 사회에 민첩하게 적응할 뿐만 아니라 계속 자신을 위한 삶을 살고자 자기 계발을 끊임없이 하는 사람들이다. 그래서 사회나 기업에서는 코끼리형 인간보다는 벼룩형 인재를 원할 수밖에 없다는 것이다. 그러한 이유로 지적 재산의 대부분이 변화를 선도하는 벼룩들의 소유가 될 것이며, 코끼리들은 변화하지 못해 벼룩들의 지식을 임대해서 살아가는 존재가 되는 세상이 되고 있다는 것이다.

벼룩형 인재는 조직에 머물지 않고 자신의 능력이나 가치를 만들어 가는 프리랜서를 가리킨다.

저자 찰스 핸디는 자유를 누리고자 안정을 버리고 모험의 세계로 자신을 데리고 온 사람이다. 목사의 아들로 자라 다국적 석유회사인 쉘에서 근무하다 그만두고 런던 경영대학 교수를 지냈다. 그리고 49세 때부터 책 쓰고 강연하고 방송하는 프리랜서가 된 사람이다.

요즘 취업시장을 보아도 정규직보다는 계약직이나 외부용역을 선호하는 것을 보면 코끼리의 일원으로 일하기보다는 프리랜서로 살아가야 하는 것을 전망할 수 있다. 찰스 핸디는 그의 저서에서 영국 전체 회사의 10% 만이 5명 이상의 직원을 고용하고 있다는 사실만 보아도 '코끼리의 몰락'은 이미 시작되고 있는 것이라고 단정하였다.

현장에서도 취업난이 점점 심각해짐에 따라 평생직장보다는 평생 직업을 찾아야 한다고 하고 있다.

프리랜서는 졸업장이나 학위가 아닌 자기 분야에서 타의 추종을 허락하지 않는 감각과 창의력의 소유자를 말한다.

그러나 프리랜서로 산다는 것은 몇 가지의 상반된 장점과 단점을 지닌다. 우선 가장 먼저 다가오는 것이 소속이 없어지면서 생기는 상실감일 것이다. 따라서 가정이나 교회, 자선 단체 등에서 활동하는 사람들이 늘어날 것이다. 또 차별성의 문제에 부딪힐 것이다. 나를 어떤 방법으로 세상에 알릴 것인가의 문제가 남는 것이다. 이렇게 되면 사람들은 남들보다 낫기보다는 남들과 달라지려고 노력할 것이다.

같은 공부를 해서 점수를 몇 점 더 받는 것은 의미가 없다. 남들이 전혀 모르는 지식을 갖는 것이 훨씬 낫다. 새로운 시대를 살아가는 또 하나의 중요한 화두는 신념이다. 자기 자신이 신념을 관리하지 않는 이상 어느 누구도 동기를 부여하거나 자극이 되지 않는다. 내가 나를 자극해서 신념을 유지하는 것이 중요한 일이다.

이미 많은 사람이 정규직을 얻기 어려워 프리랜서로 활동하는 경우와 전문성이 뛰어나 다니던 직장을 그만두고 프리랜서로 뛰어들고 있다. 말 그대로 프리랜서는 누구나 자유롭게 할 수 있는 일이기에 그만큼 경쟁이 심하기도 하다. 이러한 경쟁시장에서 자신이 선택받기 위해서는 남들과는 무언가 다른 능력을 갖추어야 차별화될 수 있으며, 원하는 목표를 달성할 수 있다.

프리랜서에게 무언가 다른 능력은 바로 멀티플레이어 능력이다. 멀티 플레이어 능력이 있다는 것은 내가 한 가지 부분의 일만 할 수 있는 것이 아니라 다양한 분야의 업무를 진행할 수 있으므로 그만큼 일 할 환경이나 기회가 많다는 것을 말한다.

🌱 직장인도 살아남으려면 샐러던트가 되어야 한다.

샐러던트(Saladent)는 '공부하는 직장인'을 의미하는 신조어(新造語)이다. 영어로 '봉급생활자'를 뜻하는 '샐러리맨(Salaryman)'과 '학생'을 뜻하는 '스튜던트(Student)'가 합쳐져서 만들어진 신조어이다. 직장에 몸담고 있으면서 새로운 분야를 공부하거나 현재 자신이 종사하는 분야에 전문성을 더욱 높이고자 지속적으로 공부하는 사람을 가리킨다.

오늘날 한번 입사하면 평생 다닐 수 있는 평생직장 개념은 급속히 사라지고 있다. 취업 문도 자꾸 줄어들고, 신입사원보다는 경력직 사원을 우대하는 풍조도 샐러던트의 출현을 요구하고 있다. 더욱이 수명의 대폭적인 연장은 고령화 사회로 급속하게 진입하게 됨에 따라 평생직장의 개념보다는 평생직업의 시대로 돌입했다고 해도 과언이 아니다.

평생직업의 시대에 사는 현대인들은 한 직장에 취직함과 동시에 새로운 직업을 갖기 위한 공부를 시작해야 한다. 실제로 직장인을 대상으로 벌인 최근 한 설문조사에서 '첫 직장에서 근무하기를 원하는 기간' 이 2년3개월에 불과한 것으로 조사되었다. 또한, 채용대행 전문업체인 잡코리아가 최근 직장인 763명을 대상으로 벌인 설문조사에 따르면 응답자의 35.8%가 현재 각종 자격증이나 공무원 시험공부에 매달리고 있었다. 끊임없이 공부해야 살아남는 현대 직장인의 신세를 그대로 드러낸 것이다. 이것은 공식적인 학교를 졸업하고 회사에 들어와서도 지속적인 자기계발을 해야 한다는 점에서 기존의 평생교육과 비슷하다고 할 수도 있다.

그러나 평생교육은 자기의 삶을 윤택하게 하는 자기주도적인 학습의 성격이 짙은 데 비하여 샐러던트는 직장인들의 고용불안에 따른 생존전략 차원의 자기계발의 성격이 짙다는 차이점이 있다. 곧, 샐러던트로서 직장인의 자기계발이라는 긍정적인 의미의 이면에는 이른바 '평생직장' 의 개념이 사라진 한국 사회에서 어쩔 수 없이 살아남기 위하여 선택할 수밖는 없는 사회적인 풍속이 반영되어 있다.

1997년 외환 위기를 겪으면서 한국의 직장인들은 고용불안이 더욱 심화되고 있다. 외환 위기 때만 해도 오륙도(56세까지 직장 생활 하면 도둑), 사

 공부하는 부모가 공부 잘하는 자녀를 만든다

오정(45세 정년)이라는 말이 사회적으로 충격이 컸지만, 요즘에는 더욱 하향하여 30대에 명예퇴직을 강요당하는 것을 풍자하는 이른바 38선이란 말이 유행할 정도로 평생직장의 개념이 급속히 사라지면서 많은 샐러리맨은 감원이나 직업의 불안에 심한 스트레스를 받는 사람이 늘고 있다.

결국 샐러던트라는 용어는 치열한 경쟁사회에서 도태되지 않으려고 애써야 하는 직장인의 처지를 반영하는 것이다. 샐러던트로서 직장에서 살아남으려면 기존의 업무에 대한 전문성 확보는 물론 어학이나 자격증 취득뿐만 아니라 다른 분야의 전문 지식을 쌓도록 사회에서 요구하고 있다. 한마디로 멀티플레이어가 되지 않으면 살벌한 세상을 살아갈 수 없는 것이다. 따라서 생존전략으로서 우리는 샐러던트 즉 멀티플레이어가 되어야 하는 시점에 놓여 있다. 한 가지 직업을 가지고도 어학이나 자격증 취득은 물론 다른 분야의 전문지식을 자기 것으로 만들지 못하면 이제는 생존경쟁에서 탈락할 수밖에 없는 살벌한 현실을 앞두고 있다. 그러나 이러한 전망은 일시적인 현상이 아니라 앞으로 더욱 치열해져 결국은 평생직장보다는 평생직업을 갖기 위해서 평생 공부해야만 하는 사회가 온다는 것을 암시하는 것이다.

🌱 미래가 두렵다면
공부밖에 없다.

우리는 지금 내일을 예측할 수 없는 급변의 시대를 살고 있다. 직장에 다니는 사람은 기업 구조조정에 따라 언제 감원이 될지 모르는 불안감을 가지고 있다. 대학생들은 신규 채용 감소로 청년 실업률이 증가하고 있다. 사교육비의 증가로 남편들의 부족한 월급 때문에 육아와 출산으로 직장을 포기했던 주부들이 앞다퉈 취업전선에 나서고 있다. 노령 인구는 늘어나는데 국민연금은 줄어들고 있다. 한마디로 미래를 생각하면 자신감이 생기는 것이 아니라 자신감을 잃어 가는 사람이 많다.

더욱이 사회에서 실패를 여러 번 겪어 본 사람은 세상을 살아가는 게 두렵다. 어떤 일을 해도 실패의 경험이 때문에 중요한 결정을 내려야 하는 상황에 놓이면 더욱 두려워진다. 이러한 두려움은 점차 자신감을 상실하게 해서 무능력하게 만드는 경우가 있다.

보나팔트 나폴레옹은 프랑스의 장군이자 황제로 모든 사람들에게 역사상 가장 위대한 영웅으로 존경받았다. 그는 별 볼일 없는 가문에서 작은 외모로 태어난 보잘것없는 학력의 소유자이다. 그러나 나폴레옹은 부족한 것을 보충하고 싶어 독서를 통한 공부를 선택하고 끊임 없이 지적욕구를 충족해 세계를 변화시킨 가장 위대한 영웅이 되었다.

나폴레옹은 사관학교에 진학하여 일반적으로 2년이 소요되는 과정을 1년으로 끝낸 점은 높이 살 만하지만 그의 성적은 58명 중에서 42등에 불과했다. 당시의 성적으로만 보면 나폴레옹은 미래의 천재를 예측할 만한 성적은 결코 아니었기 때문에 그 누구도 나폴레옹이 역사를 바꾼 인물로 등장하리라고는 전혀 예상할 수가 없었다. 그렇지만, 나폴레옹은 평생을 독서로 자신을 변화시켰으며 공부로 부족한 점을 메워 영웅으로서 성장해 나갔다.

나폴레옹을 영웅으로 만든 것은 평생을 셀 수도 없는 많은 전쟁을 성공적으로 수행한 점이다. 그는 26세 때 이탈리아 원정군 사령관이 된 이래 46세

때 워털루 전투에서 처음으로 패배해 세인트헬레나 섬으로 유배될 때까지 20년 동안 전쟁을 수행하였다. 그는 수많은 전쟁에서 혁혁한 전과를 올렸는데, 기록에 의하면 '6일 동안에 6전 연승'이라는 것으로 보아 기적적일 정도의 연승 기록을 세웠던 것 같다. 그는 전쟁에 항상 승리할 수 있어 미래에 대한 두려움이 없었다.

사람들은 언제나 승리를 거둔 그를 믿었으며 그가 질서를 잡아 평화를 되찾고, 혁명이 거둔 정치적·사회적 성과를 더 탄탄하게 만들어 주리라 기대했다. 나폴레옹은 실질적인 프랑스의 지배자가 되었으며, 자신을 황제라 칭하였다.

그러나 오스트리아, 프로이센, 영국으로부터 공격을 받아 황제에서 폐위되어 엘바 섬의 영주로 가게 되었다. 그러나 다시 복귀하여 영국의 웰링턴 장군이 지휘하는 영국군과 워털루 전투에서 마주쳤으나 패배하여 세인트헬레나 섬에 억류되어 결국 52세의 나이에 죽음을 맞았다.

나폴레옹은 전쟁터에서도 말 위에서 책을 읽었다는 일화를 남길 정도로 대단한 독서광이었다. 그가 52년 평생 읽은 책은 8,000여권으로 매년 153권 정도를 읽은 것이다. 나폴레옹은 전쟁터까지 책을 날랐던 열성이 있었다. 점령지에 가 있는 동안에도 본국에서 발행하는 신간을 끊임없이 가져오도록 하였다. 새로운 정보를 얻기 위한 투자를 게을리하지 않았다. 그는 추방되어 최후의 약 6년 동안을 보낸 세인트헬레나 섬에서도 책을 많이 읽었으며, 서고에는 3,000권 이상의 책이 소장되어 있었다고 전해졌다. 그는 끝까지 학습을 하였던 것이다.

나폴레옹이 어제와 오늘과 내일의 삶에 대한 깊은 통찰력과 예지, 부하를 아낄 줄 아는 인간애, 끝없는 인내와 각고의 노력, 쓰러져도 다시 일어나는 강인한 의지력 이런 것들이 한 인간 속에 버무려지지 않고서는 한 시대를 이끌어 나갈 통치자가 될 수 없었다. 무사였던 나폴레옹은 칼보다 펜이 강하다는 평범한 진리를 깨닫고 있었던 것이다. 치열한 격전지에서도 많은 군수물자 속에서도 책을 이동시켜 틈나는 대로 독서를 했다는 것이 그것을 말해준다. 그는 독서를 통하여 전투를 배워 부족한 군인을 데리고 전쟁을 승리로 이끌었다. 또한 불가능한 것을 가능하게 하였다. 결국 공부가 현재의 어려움은 물론 두려운 미래를 없애 주었던 것이다.

우리는 가끔 중요한 결정을 놓고 문득 떠오른 심란한 생각에 새벽잠을 설치는 경우가 있다. 현재나 미래에 잘 풀리지 않는 일 걱정에 불안하기 때문이다. 자신감마저 없는 사람은 항상 최악의 경우만 자꾸 떠올린다. 이렇게 무언가 두렵고 부정적인 생각에 한번 빠지면 여간해선 헤어 나오기 어렵다.

재미있는 심리학 연구 결과가 있다. 사람들이 걱정하는 일의 40%는 결코 일어나지 않을 미래의 일들에 관한 것이라고 한다. 즉 하늘이 무너질까 걱정한다는 뜻이다. 뿐만 아니다. 걱정의 30%는 이미 일어난 일에 관한 것이었고, 22%는 아주 사소한 일들에 관한 걱정이라고 한다. 남은 8%의 걱정거리에서도 4%는 우리가 전혀 변화시킬 수 없는 어쩔 수 없는 일들에 관한 것이었다. 결국 우리가 하는 걱정거리 중에서 오직 4%만이 걱정할 만한 가치가 있고 나머지는 정말 쓸데없는 일이다. 그러나 이러한 진리를 일반인들은 알지 못한다. 자기가 갖는 고민이 이 세상에서 제일 큰 것으로 생각하는 게 사람의 본성이다. 그 탓에 사람들은 미래를 걱정하며 두려워하는 것이다.

두려운 생각이 들 때 취할 수 있는 가장 효과적인 방법은 공부하는 것이다. 독서와 같은 아주 가벼운 지식으로의 여행은 두려운 기분을 바꿀 수 있다. 독서를 통한 지적 역량 강화만이 불확실성이 높아만 가는 외부 환경에 더 효과적·능동적으로 대처할 수 있기 때문이다.

독서를 부지런히 하는 사람은 좀처럼 우울증에 걸리지 않을뿐더러 자신감도 생긴다. 독서를 하지 않은 사람보다 지적능력 향상에 따른 경쟁력이 높아지는 것이 기본이다. 책 속에 길이 있어 자신의 결정에 대한 방향을 설정해 주고, 결정한 방향대로 한 길로 가도록 힘을 모아주는 역할을 한다. 따라서 독서는 자신감과 적극성을 길러주는 유용한 도구로 발전한다.

또한 독서는 자기계발에 대한 의식 및 동기 부여도 가능하다. 이 밖에도 업무 효율성을 높이는 아이디어 발굴은 물론 자신의 생각을 조리 있게 정리하게 되고, 삶을 살아가는 여유도 얻을 수 있다. 독서는 또 신제품이나 새로운 성장 엔진을 찾는 데도 유용하다. 아마존을 창업한 제프 베조스가 비행기 안에서 잡지를 읽다가 인터넷의 급부상을 알았고 이것이 아마존 창업 계기가 된 것은 유명하다.

우울하고 슬플 때 하는 생각을 믿으면 안 된다. 우울하고 불안한 감정은 세상을 보는 시각을 왜곡하기 때문이다. 그러나 온통 우울하고 걱정스러운 소식들 뿐인 우리의 일상에서 제대로 된 판단을 하기란 그리 쉽지 않다. 이럴 때 학습은 세상을 보는 정확한 시각을 우리에게 준다. 그리고 우리가 두려워하는 일이 별 일 아니라는 지혜를 주어 정신건강을 좋게 한다.

🌱 창업도
공부해야 성공한다.

경기가 어려워지면 직장을 잃은 사람들은 창업을 꿈꾼다. 젊은이들은 취업이 어려워짐에 따라 창업을 고려하고 있다. 그러나 특별한 기술이 없이 남들이 다 하는 분야를 선택하여 창업하면 결국은 치열한 경쟁 속에서 성공하기 어렵다.

필자가 근무하고 있는 대학교의 평생교육원에서 제일 많은 수강생이 몰리는 강좌는 부동산중개인 자격증 취득 과정이다. 매년 10만 이상이 시험을 보고 약 10~5% 정도가 합격하는 것으로 나타났다. 그러나 이 중에서 창업을 하는 사람은 10%이며, 이 중에서 수익을 창출하는 업소는 10%밖에 안 된다. 나머지는 결국 임대료나 직원 임금을 해결하지 못하여 빠르게는 6개월, 길게는 1년이면 문을 닫는 다는 것이다. 이들의 실패 요인을 경험이 없기 때문이라고 생각할 수도 있지만 그것은 오해다. 필자가 만난 합격자들은 부동산중개인 자격증을 취득하고 바로 창업하는 것이 아니라 기존의 부동산중개업소에 취직하여 충분한 실무를 익힌 다음 자신감으로 창업하는 데도 성공하는 사람은 매우 적다. 필자는 이들이 실패한 원인으로 남들과 다를 바 없는 상태로 창업을 하거나 지역주민과 긴밀한 인맥을 맺지 못함에 있다고 생각한다. 반면에 성공한 부동산중개인 업소를 보면 소비자에게 다른 업소와는 다른 차별적인 원스톱 서비스를 제공해 주거나 지역주민과 긴밀한 관계를 통하여 재산을 종합적으로 관리해 주는 경우가 많았다.

소비심리가 꽁꽁 얼어붙으면서 창업시장에는 '가격파괴'가 시장을 주도하고 있다. 저가아이템은 신규창업보다는 업종 전환이 많았고 숍인숍과 2~3개 아이템을 함께 판매하는 점포의 복합화, 즉 멀티플레이어 숍이 붐을 일으키기도 했다.

외식업계에서는 올 초 불어 닥친 참살이 열풍으로 감자탕, 보쌈 등이 상당한 수익을 올렸다. 이들은 다양한 경영전략을 통해서 불황 속에서도 선전한 아이템이었다. 한 업소에서는 3분 안에 손님이 주문하는 메뉴를 제공하는 패스트푸드 시스템을 정착하여 소비자들의 빨리 먹고자 하는 욕구를 해결해 주어 인기를 얻었다. 또한 찾아오는 손님만을 대상으로 판매를 한 것이 아니라 테이크아웃으로 판매를 증가시켰다. 테이크아웃으로 배달 비용을 절감하고 매장을 찾아온 손님에게 저렴한 가격으로 판매하여 수요는 꾸준히 증가하여 지금은 전국에 체인점을 10개나 내게 되었다.

결국 창업으로 성공하기 위해서는 소비자들의 다양한 욕구를 충족시킬 수 있어야 하기에 창업을 준비하거나 가게를 운영하는 사람들은 소비자의 요구나 추세를 알아야 한다. 그래서 요즘의 창업컨설팅은 다양한 소비자의 욕구를 충족시키는 공부를 해야 한다는 것이다. 창업해도 가만히 기다리기만 하는 영업은 이제 성공하기 어렵다. 소비자의 요구와 추세를 정확히 알기 위해서는 부단히 공부하여야 한다. 부단히 공부해야 소비자들이 원하는 요구를 제공할 수 있으며, 남들이 진입하지 않은 시장에서 블루오션 전략을 시행할 수 있다.

자녀 교육에 올인하면 부모 인생은 없다.

한국의 부모들은 불쌍하다. 아이도 잘 키우고 싶고 노후를 편하게 지내고 싶기도 한데 자녀의 교육을 위해서 모든 것을 올인하고 있기 때문이다. 부모들 셋만 모여도 주된 화제는 온통 노후 준비와 자녀 교육이다. 모두가 자녀를 어떻게 하면 좋은 학교 좋은 직장에 보낼 것인가가 최대의 고민이기에 결국은 교육비만 증가하고 있다. 그러다 보니 모두 교육비 대느라 등골이 휘는데 노후 준비를 어떻게 해야 할지 막막하다는 하소연을 한다.

중소기업에 근무하는 J 부장(42)은 자녀의 사교육비로 한 달에 평균 1백만 원을 쓴다. 초등학교 6학년과 3학년인 두 아이가 각각 음악, 수학, 영어 등 세 과목의 학원 수업을 듣는다. 세금을 제외한 실수령 월급은 3백50만 원 안팎이다. 가정의 한 달 생활비 2백만 원을 빼면 여웃돈이 별로 없다. 적금으로 20만 원을 넣으면 앞으로 아이들이 자라면서 더욱 교육비가 많이 들 것을 예상하여 부인이 돈을 벌어야 할 것으로 보인다.

외국계 보험회사에 다니는 N씨(45)는 월 400만 원 안팎의 월급을 받고 있다. 파이노를 전공하는 예술고등학교 1학년 딸에게 학교 수업료 및 레슨비로 1백50만 원을 들이고 있다. 중학교 2학년인 둘째는 종합반 학원을 보내고 50만 원 정도 지출을 하고 있다. 그래서 총 200만 원을 월 사교육비로 쓰고 있으며 생활비로 200만 원 이상 지출하는 빠듯함에 저축은 꿈도 꾸지 못한다. 현재도 샐러리맨 월급으로 예능전공을 시키는 게 무척 벅차지만 고학년이 될수록 레슨비가 많이 들어 걱정을 하고 있다.

자녀를 조기유학 보낸 중산층은 더욱 어렵다. 현재 초등학생인 아들을 부인과 함께 3년째 캐나다에 유학 보낸는 '기러기 아빠' S씨(44)는 실수령액 4백50만 원 중 3백만 원을 자녀와 부인의 교육비와 생활비로 보낸다. 혼자 살지만 생활비가 100만 원 정도 들어 저축을 못 하고 있다.

정신없이 자녀 교육을 위해 남자들은 돈을 벌고 엄마들은 사교육을 어떻게 하면 잘 시킬 수 있을까를 고민한다. 그래서 월급이 고스란히 교육비로 들어가 여유가 없는 삶이 되고 있다. 노후를 대비하는 적금은 아예 생각도 할 수 없다. 가끔 신문에 자식의 학원비를 한푼이라도 벌기 위해 주부가 노래방 도우미로 나서거나, 식당일을 찾아 헤매는 눈물겨운 행각을 심심치 않게 볼 수 있다.

이제 핵가족 제도는 더욱 발전하여 결혼과 함께 분가해서 사는 것이 일반화되어 가고 있다. 부모와 함께 살면서 봉양하는 것이 전통적인 효도라면, 요즘은 반드시 한집에서 같이 살 필요는 없다는 생각이 점차 강해지고 있다

오히려 '택시 기본 요금' 거리에 살아야 효도를 더 잘할 수 있다고 생각하는 것이 요즘 세대다. 결국은 지금의 부모들은 앞으로 자녀가 결혼하면 부양받지 못하고 혼자 살아가야 한다는 것이다. 그래서 특히 40대는 더욱 불쌍하다. 부모를 봉양하는 마지막 세대이자 자식에게 부양받지 못하는 첫 세대인 지금의 40대에게 노후 준비는 커다란 과제인 것이다. 언제 바닥날지

모르는 국민연금에 마냥 기댈 수도 없게 되었다. 거기다 조기 퇴직의 바람은 언제 불지 모른다.

개인에 따라 천차만별이지만 40세부터 은퇴 자금을 준비해야 하는 사람들에게 이상적인 저축액은 월 1백만 원은 넘어야 한다. 그래야 40세부터 60세 까지 월 100만 원을 부으면 다시 60세부터 80세까지 100만원+알량한 이자를 쓸 수 있는 것이다. 자녀 교육에 올인하면 비참한 노후가 올 수 있다는 것을 명심하자.

공부를 못하는 자녀를 둔 부모에게

3

어린이들이
살아가면서 배우는 것

1. 꾸중 속에서 살아간다면 어린이는 저주를 배운다.

2. 적개심 속에서 살아간다면 어린이는 싸움을 배운다.

3. 비웃음 속에서 살아간다면 어린이는 자기 속으로 숨는 법을 배운다.

4. 부끄러움 속에서 살아간다면 어린이는 죄의식을 배운다.

5. 관용 속에서 살아간다면 어린이는 인내하는 법을 배운다.

6. 격려 속에서 살아간다면 어린이는 자신감을 배운다.

7. 칭찬 속에서 살아간다면 어린이는 감사하는 마음을 배운다.

8. 공평함 속에서 살아간다면 어린이는 정의를 배운다.

9. 보호 속에서 살아간다면 어린이는 신념을 갖는 법을 배운다.

10. 인정 속에서 살아간다면 어린이는 자신을 좋아하는 법을 배운다.

11. 포용과 우정 속에서 살아간다면 어린이는 세상에서 사랑을 찾는 법을 배운다.

도로시 로 놀트

🌱 공부를 못하는 자녀도
   인간이다.

고교 비평준화 시절 때 신도시에서 가장 늦게 신규로 개설된 인문계 고등학교에 부임한 적이 있었다. 고교 비평준화 시절에는 신도시가 만들어지면 첫 번째 설립한 학교가 명문이 되기 쉬우며, 늦게 생길수록 수준이 낮은 학교가 되기 쉬웠다. 왜냐하면, 머리가 좋은 학생들이나 똑똑한 부모는 좋은 학교로 자녀를 보내려고 하기 때문에 주로 처음 생긴 학교에 몰리기 때문이다.

필자가 부임했던 학교는 신도시에서 가장 늦게 개교하였기 때문에 인문계 고등학교 중에서 가장 인기 없는 학교였다. 당연히 입학한 학생자원의 질도 좋지 않았지만 부족한 인원을 채우는 데 학교생활에 적응을 제대로 못한 문제 학생들이 전학 오는 경우가 많았다.

그러한 학생자원으로 구성되어 있어서 온 종일 교실에 붙잡아 놓고 수업하는 것이 무척 힘들고 어려웠다. 선생이 교실에 들어가 수업을 하려고 인사를 하면 아이들은 전부 엎어져서 일어나지 않고 잠을 잤다. 한 번은 처음으로 발령을 받은 남선생이 부푼 기대를 안고 첫 수업에 들어갔다. 그러나 학생들이 아무도 안 일어나는데 충격을 받아 잠을 깨우려고 실랑이를 하다 학생에게 얻어맞아 선생이 이가 부러지는 불상사가 생겨 신문에도 난 적이 있다.

또 한 번은 학생들이 담배 피우다 발각되어 학생과에 붙잡혀와 훈계를 들은 적이 있다. 훈계를 들은 학생들은 불만을 품고 다음날 아침 1층 유리창을 전부 깼다. 그러다 보니 학생들은 점점 학업 능력이 부족해지고, 학교생활에 적응을 하지 못한 학생들이 지원하는 학교로 낙인이 찍혀버렸다.

학부형들은 자식이 공부 못하는 것에 대하여 창피해서인지 학교 방문을 꺼리는 것이었다. 어쩌다 학부모를 만나보면 자기 자녀가 공부를 못하는 이유에 대하여 대략 세 가지로 정리하였다. "우리 애는 머리는 좋은데 공부에 흥미가 없어서", "초등학교 때까지는 공부를 잘했는데 중학교 때 친구를 잘못 사귀어서", '다른 자식은 공부를 잘하는데 요 녀석만 머리가 나빠서" 등이다. 한마디로 공부 못하는 자녀를 둔 것이 창피하거나 인정하기 어려운 현실 같아 보였다.

학부형들의 이야기를 종합해 보면 현실을 잘못 인식하는 것을 볼 수 있었다. 즉 자녀가 공부만을 못하는 것인데도 모든 것이 뒤떨어지는 것처럼 인식하고 있는 것 같았다. 또한 공부를 못하니까 앞으로 험난한 세상을 어렵게 살아갈 것인가에 대한 걱정만 앞선 것이다.

그런데 학교에서 학생들과 만난 필자는 공부는 시험을 본 결과가 나타났을 때만 우열의 차이를 인식하지 나머지는 전혀 차이를 못 느낀다. 공부를 못하는 아이들이 잘하는 아이들에 비하여 다른 능력의 차이를 거의 보여주지 않는 것이다. 친구들도 잘 사귀고, 반장이 되어서 남들보다 탁월한 통솔력을 발휘하거나, 하다못해 청소를 열심히 하거나, 학급의 궂은 일을 혼자 열성적으로 능숙하게 해내거나, 학급에 어려운 일이 생기면 척척 자원하여 해결하거나, 체육대회나 체험학습을 떠나도 나름 선생 모르게 이벤트를 완벽하게 해내는 모습 등은 감동적이기까지 하다. 교내 체육대회나 예술제를 할 때의 아이들은 눈부시게 싱싱하고 아름답다. 수업시간에 졸던 아이들이 스스로 기획하고 준비해서 행사를 멋지게 치러낸다. 어떤 면에서는 공부를 잘하는 학생보다 뛰어난 부분도 많다. 게임을 잘하거나, 노래를 잘 부르거나, 춤을 잘 추거나, 통솔력이 있거나, 운동을 잘하거나 하는 것이다. 그러나 오히려 이런 것을 잘하면 공부를 못하는 학생이라고 몰아붙이는 사회환경이 아쉽기도 하다.

요즘 대학에서는 40% 정도는 수시모집으로 학생을 선발하고 있다. 수시모집은 자신의 내신성적과 학교생활만으로 대학을 갈 수 있는 제도라서 한 개인의 전체적인 실력보다는 높은 학과성적에 맞는 대학에 많이 합격한다. 아이들이 대학에 가서 뒤쳐질 것 같지만 놀랍게도 우수한 성적을 자랑하는 아이들이 많았다. 고등학교 공부에서는 재능을 발휘하지 못했던 아이들이 자기가 좋아하는 전공과목에서는 두각을 나타내는 것이다.

그러나 이처럼 긍정적이고 발랄하고 총명한 아이들이 공부에 관련된 일에서는 소극적이고 위축된 모습을 드러낸다. 남을 걱정하고, 반의 궂은 일을 도맡아 하던 아이들도 누구와 조금만 비교하는 말을 해도 예민한 반응을 보인다. 이것은 아이들이 서열을 앞세우는 교육을 받으면서 그동안 얼마나 큰 상처를 받았는지 짐작할 수 있게 해 준다.

'공부 못하는 아이들'은 학교에서 정해 놓은 공부만 못하는 아이들이다. 그런데 사회나 부모는 공부라는 기준만 벗어나면 똑똑하고, 능력 있고, 멋있고, 잘난 아이들을 공부 못하는 아이로 규정한다. 공부만 못하고 다른 분야에는 능력 있는 아이들이 많음에도 공부 못하는 인간으로 분류하여 그들을 기죽임으로써 그들은 학교생활이 끝나고 사회에 나갈 때는 무능력해져서 나가는 경우가 많다. 우리 사회는 공부 못하는 아이들보다 아이들을 제대로 평가해내지 못하는 어른들이 많아서 더 큰 문제다.

🌱 자녀가 공부를 못하면
   집안이 우울해진다.

부모는 자기 자녀가 공부를 못해도 머리가 나쁘다고는 생각하지 않는다. 그래서 공부를 못하면 머리는 나쁜 것 같지 않은데 공부를 열심히 안 한다고 표현을 한다. 그래서 아이들이 공부를 하지 않으면 부모는 우울해진다. 공부를 못하는 자녀가 시험을 보고 성적표를 가져 올 때마다 부모들은 이번에는 어떤 성적을 가져올까 긴장이 되고 또 성적이 오르지 않으면 아이나 부모나 침통한 표정으로 집안의 분위기가 가라앉는다. 때로는 창피한 생각도 들고 집안 체면 말이 아니다. 괜히 사람들을 만날라치면 "어떻게 가정교육을 했길래 아이들이 그 모양이냐?" 라고 묻는 것 같은 기분도 든다. 그래서 심하면 밖에 나가서 집안 얘기할 때 어깨에 힘이 좀 빠지고 괜히 창피한 생각마저 든다. 이러한 문제로 고민하는 학부형의 글을 보면 그 심정을 충분히 이해할 수 있다.

저는 중학교에 다니는 아들을 둔 학부모입니다. 외아들이라 집안에서 모두 애지중지하며 키웠어요. 무난하게 잘 자라 왔지만 학년이 올라갈수록 아이의 성적이 제게 큰 짐이 된답니다. 우리 집 아이는 그렇게 공부를 잘하지 못하거든요. 아이가 건강하게 잘 자라고 있지만 그래도 한집안의 아이를 잘 키우느냐 잘못 키우느냐의 기준이 공부를 잘하느냐 못하느냐로 사람들이 따지는 것 같아, 그럴 때마다 우리 집 아이를 생각하면 제가 잘못 키우는 것 같고 뭔가가 잘못 된 것 같은 기분이 든답니다. 제 동창이나 친구들을 만나도 애들 성적 이야기뿐인데 전 그럴 때마다 어디론가 숨고 싶어요. 다른 집 아이들보다 공부를 못한다는 것이 제겐 큰 짐으로 느껴져요. 그 나이 때는 그래도 공부를 잘해야 부모의 기도 살고, 아이도 어딜 가나 당당할 텐데 우리 집 아이는 전혀 그렇지가 못하군요. 아이를 위해서 신경을 덜 쓰는 것도 아닌데 아이가 왜 성적이 오르지 않는지 모르겠어요. 과외도 하고, 이런저런 학원도 다니고, 그리고 집안에 그다지 공부 못한 사람은 없는 데 말이에요. 아이만 생각하면 우울해지고 답답해진답니다. 남편은 그래도 공부를 못할 수도 있지 뭘 그렇게 신경을 쓰느냐며 이야기를 하지만 어디 그런가요? 제가 너무 성적에 연연하나요? 아이의 성적 때문에 오히려 제가 우울해하고 비관하게 되니 저도 종잡을 수가 없네요. 조금은 의연하게 이러한 상황에서 벗어나야겠는데…. 제게 도움이 될 수 있는 조언을 부탁합니다.

이 글을 읽으면 자녀의 성적문제로 어머니가 고민을 많이 하는 것을 알 수 있다. 자녀의 성적이 뛰어나지 않아 아이를 키우는 부모로서 스트레스를 심하게 받는 것을 느낄 수 있다.

이것은 자녀가 공부를 잘하지 못하는 것이 엄마가 잘못 지도했기 때문이라는 자책감 때문에 시작된다. 그리고 여러 가지 가정환경에 비추어 볼 때 주변 사람과 비교해서 아이가 성적이 우수한 것은 부모에게 자랑이 되기도 한다. 공부를 못하는 자녀를 둔 부모들은 대부분 우울해 하는 경향이 있다. 마치 자식이 공부를 잘해야 부모도 기가 사는 것처럼 보이기도 한다. 자식이 잘되면 내 일이 잘된 것보다 더 기쁘고, 반대로 자식이 내 기대에 못 미치면 허탈감과 분노를 느끼는 것은 부모들이라면 마찬가지일 것이다.

특히나 사회 경제적 지위가 높고, 소위 엘리트라고 불리는 부모일 경우

반응이 더욱 극단적으로 나타날 수 있다. 그럴 경우 부모는 자녀의 학습결과에 관심을 많이 두게 되는데 대부분 자식의 모든 성과를 자신의 체면과 결부시키는 경향이 있다. 행여 자신보다 사회적 지위가 낮거나 혹은 동료나 친구의 자녀가 자기 자식보다 공부를 잘하면 체면이 손상되었다고 생각을 한다. 그렇게 되면 자연히 자녀에게 불만을 표출하고 자녀의 능력이나 관심과는 관계 없이 학교 성적만 올리라고 요구하게 된다. 하지만 부모가 이런 태도로 다그치거나 걱정을 한다고 해도 자녀의 성적이 좋아지는 사례는 거의 없다. 오히려 대부분 자녀의 성격이 위축되거나 공격적으로 되어간다. 그러면서 계속 실패에 대한 부담감과 열등감이 쌓여간다.

청소년기의 자녀를 둔 부모들이 명심해야 할 것은 자식이 거두는 모든 사회적 성과를 부모의 체면과 결부시키지 말아야 하는 것이다. 부모가 체면 때문에 자신의 학업성과에 대해 왈가왈부할 때 자녀는 부모에게 저항감을 느낀다. 왜냐하면 자식은 부모에게 무엇보다 자신을 우선시해 줄 것을 기대하게 되는데, 공부를 잘하라고 이야기하는 것이 자신을 위해서가 아니라 부모의 체면 때문이라고 생각한다면, 부모에게 자기는 부모의 체면보다 못한 존재처럼 생각하게 되고, 그것은 일생에 커다란 상처가 될 수 있다. 그리고 그것이 자꾸 쌓이면 반항으로 이어지게 된다.

이 세상에 똑같은 사람은 단 한 사람도 없다. 달리 이야기하면 사람마다 발달 속도가 다른 것이다. 이 평범한 진리를 부모가 인식하지 못하는 것이 대부분의 부모-자녀 관계 문제의 중요한 원인이 된다. 자녀의 성적이 나쁘게 나온다고 다른 사람의 자녀와 비교하고 속상해 하며 자존심 상해할 일이 아니다. 오히려 그럴수록 자녀를 격려하고 위로하면서 그렇게 된 원인을 찾

 공부하는 부모가 공부 잘하는 자녀를 만든다

아 보는 게 순서라고 생각한다. 사실 공부를 잘 못해서 받는 스트레스는 당사자가 가장 크다는 것을 인식해야 한다. 따라서 부모는 먼저 자녀가 학습능력이 부족한 것인지, 아니면 노력을 안 하는 것인지, 혹은 발달이 좀 늦은 것인지 등을 살펴보아야 한다. 그리고 무엇을 도와주어야 하는지를 생각해야 할 것이다. 그리고는 자녀가 자신감으로 노력할 수 있도록 격려해주며, 자녀에게 진전이 있을 때까지 기다려 주어야 한다. 자신이 사랑하는 사람이 자기를 격려해주고 자신에게 기대를 해 주는 것 이상으로 아이의 용기를 북돋아 줄 수 있는 것은 별로 없다.

청소년기의 자녀는 학습결과가 좋지 않을 때 부모에게 죄송한 마음을 갖는다. 그러나 부모가 그 마음을 헤아리지 못하고 창피해 하거나 윽박지르면 오히려 미안한 마음은 없어지고 반항심만 쌓게 된다. 부모가 있는 그대로의 자신을 사랑하고 부모 자신의 체면이 손상되더라도 한결같이 자기를 믿어주고 기다려 준다는 것을 느낄 때 무책임하게 행동할 청소년은 드물다. 체면은 일시적이다. 하지만 부모-자녀 관계는 결코 일시적인 관계가 될 수 없다. 성적 나쁜 자녀를 부끄러워하지 마라. 언제나 부모-자녀 관계에서 무엇이 더 소중한가를 먼저 생각하기 바란다.

🌱 공부 잘하는 자녀와 못하는 자녀의 차이점.

가끔 학부형들과 상담할 때 우리 애는 남들과 똑같이 공부를 열심히 하는데 왜 성적이 잘 안 나오는지 이해가 안 간다고 한다. 그것은 간단하다. 자녀의 공부하는 모습을 정확히 본 적이 있는가? 책상에 앉아 있는 것만 보았지 그 아이가 어떻게 공부를 하고 있는지를 본 것이 아니다.

오랜 경력의 교사들은 학생들의 수업태도만 보면 그 학생의 성적을 예측해낸다. 공부를 잘하느냐, 못하느냐에는 여러 가지 변수가 있을 수 있다. 그러나 통상적으로 수업에 임하는 태도를 보면 공부에 대하여 얼마나 집중력을 가지고 있느냐, 가지고 있지 않으냐의 차이를 알 수 있다. 공부는 그만큼 집중력이 결정한다고 해도 과언이 아니다.

공부를 잘하는 학생들의 특징을 보면 수업시간이나 개인적으로 공부를 할 때도 깊은 집중력으로 오직 공부만을 한다. 그러나 공부를 못하는 학생들을 보면 집중력이 떨어져 공부를 하면서도 다른 일에 신경을 쓰는 일이 많다. 눈만 책이나 선생에게 가 있지 마음은 다른 데 있는 것이다. 수업시간에는 선생의 가르침을 한 귀로 듣고 한 귀로 흘리거나, 다리를 떤다든지, 딴생각을 한다든지, 음악을 듣는다든지, 다른 일을 한다. 그래서 공부를 못하는 학생들의 성적표나 가정통신문에는 주의가 산만하다는 것으로 성적이 나쁘다는 것을 대신 표현하는 경우가 많다.

실제로 공부를 잘하는 학생들의 특징은 수업 시간에는 집중력을 최대로 하여 수업을 듣고 쉬는 시간에는 집중해서 반복과 예습을 하는 것만으로 공부를 끝내고, 집에 가면 부족한 부분만 보충하여 공부하는 학생들이 많다. 그러나 집중력이 떨어지는 학생들은 아무리 밤새 공부하였다고 해도 의미가 없는 경우가 많다. 공부를 못하는 학생들은 방과 후에 10시간 동안 공부하였다고 하지만 집중력이 떨어지므로 집중력이 높은 공부 잘하는 학생들에 비하면 30분에도 못 미친다는 것이다. 결국 10분을 해도 집중력을 가지고 공부에 임해야 한다는 것을 의미한다.

집중력을 갖기 위해서 필요한 기본이 있다. 그것은 왜 내가 공부를 해야 하느냐는 목표 의식이다. 공부를 잘하는 아이들은 목표가 뚜렷하다. 그렇기 때문에 목표를 달성하고자 집중할 수밖에 없는 것이다. 그러나 공부를 안 하는 학생들은 뚜렷한 목표가 없기에 집중해야 한다는 강한 의식이 없어 집중이 안 되는 것이다. 즉 공부에 대한 메리트를 느끼지 못하는 것이다. 학생들이 하고 싶은 것을 하게 해준다면 학생들의 집중력이 떨어질까? 공부를 못하고 잘하고의 문제는 학교가, 사회가 학생들에게 꿈을 주지 못하는 점인 것 같다.

🌱 공부 못하는 자녀는 가정에서 만든다.

부모가 된다는 것은 참으로 엄숙하고도 귀중한 일이다. 한 생명을 이 땅에 등장시킬 뿐만 아니라 신체적, 정신적, 정서적, 사회적 성장에 절대적인 영향을 끼치기 때문이다. 그런데 이처럼 중요한 일을 우리는 너무도 아무 생각 없이 덜컥 시작해 버린다. 한 사람의 인생을 좌우하는 부모가 되는 데에 아무 준비 없이 부모가 되고 있다. 이 세상에 살고 있는 거의 모든 부모가 무자격자라고 할 정도로 많은 부모가 '부모의 의미' 나 '부모의 중요성' 을 모른 채 주먹구구식으로 자기 기분에 따라 아이들을 키우고 있다. 그러다 보니 자연적으로 부모의 잘못된 양육에 아이들이 더욱 공부를 하지 않게 되는 것 같다. 잘못된 가정교육은 공부를 잘하던 학생도 공부를 못하게 할 뿐만 아니라 불량한 학생으로 만들어 놓기도 한다.

일반적으로 공부를 못하는 아이들 부모의 특징을 보면 다음과 같다. 첫째, 부모의 지나친 기대가 심적으로 작용해서 공부를 안 하게 된다는 것이다. 부모가 너무 일등, 우등, 일류에 집착하여 자녀에게 강요하거나 부모가 못했던 그리고 부러워했던 배움의 조건을 자녀에게 요구한다면 자녀는 당연히 부담스러울 수밖에 없다. 그들은 자신의 삶을 살기를 원하지 남을 위한 삶을 살고 싶지 않을 것이다.

둘째, 부모가 너무 바빠 자식에게 무관심해져도 자녀는 공부를 안 한다. 자녀는 자신이 받아온 성적에 대하여 부모의 칭찬이 필요하고, 자신의 삶에 대하여 관심을 두어주길 바란다. 그러나 부모가 바쁘다 보면 자녀는 자신을 망쳐간다. 그러다 부모가 여유가 생겨 자녀에게 관심을 두려고 보면 이미 때는 늦었다. 어디서 어떻게 손쓸 수 없을 정도로 자녀는 먼 길을 간 것이다.

셋째, 부부싸움이 심하면 자녀는 스스로를 망쳐 부모에게 복수를 하려는 경우가 많다. 자녀는 아무 일 없이 행복하고 싶어한다. 그러나 부모 사이의 갈등이 심해지면 대부분의 자녀는 불안해하며 죄의식을 갖게 되고, 불안과 죄의식에서 해방되고 싶어 공상에 잠기는 일이 잦아지고 잡념도 늘어난다. 그러면서 공부와는 거리가 멀어지며 나쁜 쪽으로 신경을 쓰게 되고 그러다 자신을 망쳐 부모에게 복수하는 것이다.

넷째, 야단이나 구박을 자주 받고 자란 아이는 세상을 사는 것에 자신이 없다. 부모로서 자녀에게 어떤 문제가 생겨 야단이나 구박을 할 때 문제는 그것이 한 번으로 끝나면 괜찮은데 주기적으로 하면 자녀는 점차 습관이 되어 자신감을 잃고 공부를 등한시할 뿐만 아니라 무슨 일을 해도 자신감을 잃게 된다. 이런 습관은 자녀가 사회생활을 하면서도 자신을 낮게 평가하여 좋은 기회도 스스로 버리는 결과를 가져와 자연히 사회에서 하층생활을 하도록 할 우려가 있다.

다섯째, 너무 감싸주는 부모는 자녀를 망친다. 부모 자신이 고생을 심하게 했거나 자녀에게 평상시에 잘 못해 주어서 죄의식을 느끼는 부모는 자녀를 필요 이상으로 옹호하고 감싸는 경향이 있다. 그러나 이처럼 부모가 자녀의 모든 것을 감싸는 것은 자식을 사랑한다는 뜻에서 시작하지만 자녀는 부모에게 의존하게 되어 사회생활도 제대로 못하게 되는 경우가 발생한다.

맹목적인 기대나 무한한 보호는 아이들에게 부담을 주며 무관심과 구속은 아이들을 빗나가게 한다. 부모의 불화도 원인이 되어 공부에 영향을 준다. 이처럼 아이를 키운다는 것은 쉬운 일이 아니며 많은 노력이 필요하다.

서양 속담에 '매를 아끼면 자식을 망친다' 는 말이 있다. 부모는 자녀에게 허용해야 할 것과 안 될 행동에 관한 분명한 견해를 세우고 이것을 자녀에게 설득과 이해의 견지에서 전달해야 하며 이를 어길 때는 분명한 벌칙을 가하고 긍정적인 행동에 대해서는 즉각 칭찬과 관심을 나타내는 것이 바람직하다. 부모는 자녀를 깊이 사랑하되 넘치지도 모자라지도 않은 절제된 사랑을 주어야 한다. 부모세대의 고정관념을 버리고 자녀가 미래에 살아갈 세상의 모습은 어떤 것인지, 자녀가 진정 원하는 것은 무엇인지 헤아릴 줄 아는 부모가 돼야 한다.

🌱 공부 잘하는 자녀를 만들려면 부모의 솔선수범이 먼저다.

요즈음 교육의 열풍이 한국을 강타하고 있다. 학군이 좋다는 강남의 아파트 가격은 천정이 어디인지 모르게 올라가고, 조기교육의 열풍으로 세상을 한참 사랑으로 자랄 어린아이와 생이별을 해야 하고, 초등학교부터 학원이 무엇인지도 모르면서 자신의 자유를 억압당한 채 학원을 몇 군데씩 전전해야 하는 아이들이 우리 주변에 널려 있다. 자녀가 고등학교에 들어간 부모는 상전을 모시듯 고3 수험생보다 힘든 시집살이를 하고 있다. 그러는 사이에 우리의 아이들은 울며 자살하고 있으며, 공부를 부모의 마음에 맞게 잘하는 아이들보다는 공부를 못하는 아이들이 더 많아지고 있다.

서점에 가보면 공부나 학습에 관련된 책들이 즐비하다. 어림잡아 백여 권 이상이 나와 있는 것 같다. 공부와 관련된 책들은 나름대로 공부 잘하는 법, 공부 잘하는 기술, 공부 비결을 넘어 이제 공부 전략까지 나와 있다. 심지어는 "공부 안 하고 다 맞추기", "시험에 나오는 것만 골라 공부하기" 등 이런 책만 읽으면 공부 잘하는 것은 물론 시험도 잘볼 수 있다는 듯 나름대로 비결을 제시하였다. 하다못해 '영재교육 이렇게 하라', '유아기의 한글교육', '영어교육 언제가 적기인가', '영재 만드는 태아교육' 등 어려서부터 공부 잘하는 아이를 만들려는 욕심에서부터 천재로 만들려는 부모들의 절박함을 자극한 책들이 범람하고 있다.

요즘 출판계에서는 공부 관련 책과 경제 경영서밖에는 안 나간다고 한다. 학생들의 공부와 관련된 책은 부모들이 아무리 힘들어도 사주고, 바로 실전에 활용해서 돈을 벌 수 있는 경제 경영의 실전서가 주로 팔린다는 것이다.

그런데 아이러니한 것은 그렇게 많은 공부와 관련된 책들이 출간되었고, 많은 학부형이 공부 방법, 공부 비결, 공부 전략을 사서 읽고 자녀에게 적용하였지만 정작 그런 책에 큰 도움을 받았다는 사람을 보기는 어렵다. 그 이유를 두 가지로 정리할 수 있다. 하나는 지푸라기 잡는 심정으로 책을 구입해서 적용하려다 보니 아이들에게 잘 맞지 않아서 일 수도 있고, 둘째는 우리나라 국민의 많은 수가 책에 나와 있는 비결대로 해서 아이들의 성적이 전반적으로 나아져 성적에 큰 차이가 없어졌기 때문이다.

필자는 이십여 년을 학생들을 가르치면서 다양한 경험을 하였다. 초등학교, 중학교, 고등학교, 대학교, 대학원 등에서 명문 학교의 공부 잘하는 학생들도, 소위 좋지 못한 학교에서의 공부 못하는 학생들도 가르쳐 보았다. 그러면서 두 아들의 부모로서 아이들을 보면서 깨닫는다. 공부에는 왕도가 없다는 것을 .

필자도 매일 학생들을 가르치는 직업이면서 어떻게 하면 우리 자녀를 공부 잘하는 아이로 만들까 하는 생각에 소위 공부의 전문가가 쓴 책을 보면 하나같이 결론은 오직 열심히 해야 한다는 것이다. 그 외에는 어떤 비결이나 전략도 없다는 것이다. 우선은 할 수 있는 만큼 열심히 하고 나서 전략적으로 시간을 활용하는 방법이라든지, 외우는 방법이라든지, 공부하는 방법 등이 의미가 있다는 것이다.

그런데도 우리는 조급한 마음에 우리의 자녀가 공부를 원하는 만큼 하지 못한다는 생각에 아이들의 수준이나 상황은 고려하지 않고 남들은 잘 만하는 것을 왜 못하느냐고 공부하라고 윽박지르고 있지는 않은가 반성해 보아야 할 것이다. 아이들에게 윽박지르기 전에 우선 우리 자신 반성을 먼저 해 보아야 할 것이다.

어느 신문 기사에 이런 글이 있었다. "아빠는 술과 노래방에서 밤을 새우고 엄마는 차 한 잔과 수다로 세월을 보내는 성인이면서 우리의 자녀에게만 공부하라고 하는 사회…." 이 정도는 아니더라도 부모가 바쁘다는 이유로 아이들을 등한시했다가 어느 날 돌아보니 아이들이 너무 먼 데로 가고 있었던 적은 없던가?

그러는 동안 우리의 교육은 병들어 가고 있으며, 우리의 아이들이 공부에 지쳐 울며 자살하고 있는 이때 이제 우리는 무언가 새로운 나름의 철학을 세우지 않는다면 급변하는 현대에서 무능력한 아이들만 양산하는 꼴이 된다. 부모들이여 각성하자. 그리고 세상을 좀 더 다른 눈으로 보자.

요즘같이 빠른 것만을 강조하는 시대에 유독 눈에 띄는 제목의 책이 있었다. 《현명한 부모들은 아이를 느리게 키운다》. 참으로 나에게는 신선한 충격이었다. 조금 진득한 모습으로 아이가 스스로 잘할 수 있을 때까지 기다려주는 부모가 되어 보자.

요즈음 지역간 불균등 성장으로 거주지역이 새로이 신분적인 속성을 지기 시작했으며, 교육에서는 거주지역에 따른 양극화가 나타났다. 도시와 농촌, 수도권과 지방의 양극화, 도시 내에서 거주지역에 따른 집단적인 양극화, 동일 거주지역 내에서 소득에 따른 양극화가 심화되고 있다. 2004년 대입제도 변경과 관련하여 학교의 소재지와 명성에 따라 구성원 전체에 집단적으로 등급을 부여한 고교 등급제 파동에서 그 구체적 모습을 확인할 수 있다.

거주지역의 차이는 사회 문화적 자본의 차이를 반영하며, 대부분은 경제적 능력에 따라 더 나은 거주지역을 찾아 이동한다. 70-80년대 서울의 중심지는 종로나 명동이었다. 그러나 현재는 강남이 중심지가 되었다. 교통체증은 말할 것도 없고 건물로 가득한 지역이건만 강남은 강북보다 아파트 가격이 2-3배를 넘고 있다. 거주지역에 따른 차별은 심각한 사회갈등을 일으킬 수 있다. 거주지역의 선택과 이동과정에서 교육환경은 물론 경제환경이 판단근거가 되기도 한다. 이러한 거주지역의 차이는 당연히 학력 차이를 보이게 된다.

강남에 있는 학교의 학업 성취도가 높은 것은 학교의 교육력이 높기보다는 강남이라는 특권층 거주 지역에 우수한 학생이 모임으로써 높은 교육적인 성취를 보이고 있다고 분석하는 것이 타당하다. 학생들의 학업성취도 수준이 상대적으로 높은 이유는 가정의 사회 경제적 배경, 부모의 지원, 개인의 노력 등에 따른 효과일 가능성이 크다고 할 수 있다. 하여간 강남에 있는 학생들은 학업성취도가 높아서 명문 대학에 가고, 좋은 직장에 다니는 비율이 높다는 것이다. 결국 학업성취도가 낮은 지역의 학생들은 상대적으로 좋지 못한 학교에 가게 되고 좋은 직장을 얻기도 어렵게 됐다. 그러나 이러한 학업성취도의 차이가 자신에게서 끝나면 얼마나 좋을까? 문제는 교육의 불균형으로 빈부가 대물림을 한다는 것이다. 공부를 못해서 성공하지 못한 부모의 자녀는 좋은 지역에 살 수 없어서 좋은 교육을 받지 못하고 결과적으로 좋은 직에 다니지 못한다. 그렇게 가난이 대물림되는 것이다.

예전에 개천에서 전국 수석이 나왔다는 입시와 관련한 뉴스들은 이제 전설이 되어 버렸다. 어려운 가정에서 학원도 못 다니고 아르바이트를 하면서 수석을 뽐내던 사람들이 많았다. 그러나 이제는 돈이 결정한다. 좋은 학원에 다니고 있는가? 고액 과외선생을 몇 명이나 만나는가? 어느 학군의 학교를 다니는가? 외국연수는 갔다 올 수 있는가? 이 모든 것을 해결해 주는 부모가 있는가? 이런 것이 이제 입시의 전설을 만들어 내고 있다. 그리고 이들은 우리 사회에서 성공한 사람으로 살아간다. 대물림한 부를 이어나갈 자격을 획득한 것이다. 그리고 건전한 민주시민으로 자란다. 이건 자본주의 사회에서는 어쩔 수 없는 당연한 절차다. 이것을 문제 삼으면 자본주의 자체를 부정하는 것이다.

오늘날 이 땅의 모든 부모의 경제 행위의 목적은 아이들 입시를 위한 것처럼 변해 버렸다. 나라를 들썩이게 하는 부동산 문제도 실상은 강남의 학원가를 둘러싼 입시에서 비롯되었다고 봐야 한다. 가정의 근본을 흔드는 아이들의 조기유학, 그에 따른 이중국적 취득 문제, 이로 말미암은 병역의무 문제… 교육으로 파생된 문제들이 온 나라를 뒤흔드는 세상이 되어버렸다.

교육을 받지 못하면 낙오한다는 정설이 만들어지면서 우리는 중요한 것을 지나쳐 버린다. 남들이 고액과외를 받는 동안 나의 자녀는 먼 곳의 싸구려 학원에다니고, 남들이 외국으로 공부하러 가 있는 동안 나의 자녀가 대신 병역의 의무를 지고 있고, 그들이 성공해서 사회를 주도하는 동안 나의 자녀가 사회의 노동자가 되어 이 사회를 짊어진다고 생각해 보자. 그리고 나의 후손들이 계속 이런 삶을 살아야 한다면 우리는 어떻게 해야 할까?

🌱 효자 중에는 공부를 못하는 사람도 많다.

필자가 평생교육원에서 요리 강의를 했던 적이 있다. 대부분이 30-40대 주부인데 유일하게 70대 후반의 할머니가 한 분 있었다. 그분은 나이가 많지만 외모가 곱고 건강했다. 필자는 그 연세에 요리를 배우러 온 것이 궁금하여 이유를 물어 보았다. 할머니는 "남편이 중풍으로 쓰러져서 영양죽을 해주고 싶어서" 배우러 왔다고 하였다. 필자는 무심코 자녀는 어디 있는데 왜 할머니가 죽을 쑤어주려 하냐고 물었다. 그랬더니 할머니는 "우리 아이가 서울에서 명문 대를 나와 미국의 명문 대에서 의학박사를 받아 잘 나가는 의대교수가 되었다"는 것이다. 한참을 침이 마르게 자랑하였다. 자녀의 천재성, 우수함, 대단함이었다. 그래서 필자는 언제 아들을 만났느냐고 물었다. 3년 전에 미국에 가서 보았고 요즘에는 힘들어서 가지는 못하지만 작년에 한 번 아들 내외가 한국에 와서 보았다고 하였다. 전화는 1달에 한 번 한다고 하였다. 이제 장시간 비행기를 타기 어려워 보고는 싶지만 제대로 보지 못한다는 것이었다.

　이야기를 들으면서 필자를 돌아 보았다. 필자도 공부한다는 이유로 장남임에도 1달에 한 번이나 부모님을 찾아뵙고 1주일에 한번이나 전화를 드릴 수 있었다. 반면에 고등학교밖에는 안 나온 막냇동생은 1주일에 1-2번은 부모님을 방문하는 것이었다. 부모님께서 말은 않으시지만 소위 많이 배운 장남은 집에 무관심한데 못 배운 막내가 더 부모님을 모시니 더 예뻐하는 것 같다. 공부 뒷바라지를 충분히 해주지 못한 면에서 아쉬움도 있을 것이다.

　필자의 주변을 둘러보아도 공부 잘하고 잘나가는 사람치고 부모에게 너무 바쁜 사회생활 탓으로 효도를 잘하는 사람이 없다. 물론 효도의 정도는 사람에 따라 다를 수 있지만 소위 성공한 사람들은 자기를 불러주는 데가 많아 자기가 가장 소중하게 생각해야 할 가정도 제대로 챙기지 못하고 있다. 반면에 고등학교만 나오거나 잘 안 된 사람들은 정기적으로 부모를 찾고 가족과 함께 하는 것을 자주 볼 수 있다.

　부모는 모든 것을 무조건적 바쳐 자식 잘되기만을 바란다. 그래서 그렇게 사랑하고 보고 싶은 자녀를 어린 나이에 외국 연수나 외국 유학을 보내 버리고 돈만 부쳐 주면서 자식을 사랑하는 척도로 자랑하는 사람들을 우리는 심심치 않게 본다. 그러나 자녀가 어린 나이에 외국에 가 있을수록 의식 자체가 서구식으로 변하여 한국에 오는 것도 싫어하고 자유롭게 외국에서 사는 것을 좋아해 영원히 자식과 부모의 정을 끊고 사는 사람도 생겨나고 있다. 차라리 공부를 못해 고등학교만 졸업하였다면 부모는 더 이상 교육비 들일 필요 없이 노후생활 준비를 할 수 있었을 것이다. 그런데 있는 돈 없는 돈 모으고 은행에서 대출까지 받아 유학을 보냈는데 그렇다면 부모는 충격에 빠질 수밖에 없다.

요즘 아이들이 제일 듣기 싫은 훈계 중에 하나가 "부모가 너희를 얼마나 힘들게 키우는 줄 아느냐"라는 이야기란다. 그러면 아이들은 "그럼 낳지 말지 뭐하러 낳아서 그런 이야기 하느냐"라고 생각한단다. 부모는 자녀에게 무한한 사랑을 주고 그 사랑의 결과로 아이들이 살아가는데도 부모의 사랑만큼 아이들은 부모를 생각하지 않는 것이다.

대부분 부모의 사랑에는 조건이 없다는 것을 우리는 알고 있다. 사회에서 먹고살 수 있는 조건을 아이들에게 만들어 주기 위하여 한국의 부모는 지금도 밤새도록 일하고 있다. 나중에는 아이들에게 절대 기대지 않겠다는 생각도 하고 있다. 그래서 아이들이 공부 잘하기만 바라고 있다. 그러나 모든 자녀는 부모가 원하는 데로 성장하지 않는다는 데 문제가 있다. 공부를 잘하는 아이들보다는 못하는 아이들이 많은 것이 현실이다. 공부 못하는 아이들을 둔 것을 후회하지는 말자. 그 아이들이 남들 부럽지 않은 효도를 할지도 모르기 때문이다.

통계청이 집계 한 '2005년 인구 주택 총조사'에 따르면 당시 우리나라 인구는 4,725만 4,000명이었다. 45년 전인 1960년(2,498만 9,000명)보다 1.9배 증가했다. 그런데 가구당 평균 가구원 수는 지난 1995년 3.4명, 2000년 3.12명, 올해는 2.87명으로 계속 줄어드는 추세다. 이는 자녀가 결혼하면 바로 분가하는 핵가족화 현상이 가속화되고 있다는 것을 의미한다. 문제는 1인 가구가 2000년에 전체 가구의 15.5%를 차지했지만 올해는 17% 이상일 것으로 추정되고 있다. 1인 가구 증가는 고령화에 따라 혼자 사는 노인이 늘고 독신자 증가 또는 만혼 현상, 자녀의 조기독립 경향, 40대 이상에서의 이혼율 증가 등이 주원인인 것으로 분석되고 있다.

점차 자식들과 별거를 하고 혼자 사는 노인들이 증가한다는 통계치를 보면 이 일은 남의 일이 아니고 바로 우리의 일이 될 것이다. 나중에 아이들은 부모의 무한한 뒷바라지로 성공하고 부모들은 자식들 뒷바라지에 미쳐 노후 준비를 하지 못하였다면, 거기에다 몸까지 불편하다면 자녀가 찾아와 주지 않는데도 서운해 하지 않을 부모가 될 수 있을까? 공부 잘하는 자녀를 만드는 것보다 부모를 잘 모시는 자녀를 만드는 것이 어떨까 생각해 본다.

한 우물만 파면 금방 말라 버린다.

취업난이 좀처럼 해소될 기미를 보이지 않는 가운데 최근 구직자들 사이에 '위장취업' 사례가 크게 늘고 있다는 보도를 접하고 착잡한 마음을 금할 길 없다. 본래 위장취업이란 80년대 운동권 학생들이 '노학연대 투쟁' 을 위해 학력을 속이고 공장 직공으로 취업했던 것을 이르는 말이다. 하지만 요즘의 위장취업은 '고학력이 오히려 취업에 도움이 안 된다' 고 판단한 구직자들이 자신의 학력을 줄여 취직하는 것으로 변한 것이다. 박사학위를 가진 사람들이 100만 원도 안 되는 강사료보다는 더 받을 수 있는 공장에 취업을 하는 게 늘어가는 추세라고 한다. 불과 몇 년 전만 해도 많이 배울수록 취업에 도움이 됐던 것과는 전혀 다른 풍속도다.

박사가 되기 위해서 오직 한길만 보고 공부만 한 것이 20년 이상이지만 이제는 할 일이 없어진 것이다. 오직 한길만 보고 달려온 사람들이 포화 상태가 된 것이다. 따라서 한 우물만 파도 남들과 무언가 다르지 않다면 이제 박사학위를 가지고도 공장에서 단순 노무자가 되어야 하는 슬픈 현실을 살고 있다.

성공을 이루기 위하여 투자한 시간이 많다고 해서 꼭 성공하는 것은 아니다. 어떤 경우에는 최선을 다하지 못해서, 때로는 주변 사람들이 알아주지 않아서 자신이 노력한 성공의 한 우물을 인식하지 못하는 경우가 있다. 세상은 이런 사람이 더 많은 것 같다. 그렇다고 마냥 성공을 기원해야 할 것인가는 고민해 보아야 한다.

한 우물을 판다는 의미는 한 우물을 파야 우물물이 나온다는 것을 의미한다. 그러나 그 한 우물 파는 것을 다했다고 해서 꼭 그 우물에서 물이 나오는 것이 아니며, 우물에서 물이 나온다고 해서 무한정 나오는 것도 아니다. 우물을 다 팠는데도 물이 안 나오거나, 우물의 물이 점점 줄어드는 것을 보고 "아, 안 되겠다. 다른 우물을 파야지." 하면 이건 이미 늦은 것이다. 더는 선택할 것이 없어 한참을 망연자실해서 아무것도 할 수 없는 지경에 이르러 삶의 깊은 절망에 빠지기가 쉽다.

물론 모든 사람이 그렇다는 것은 절대 아니다. 한 우물만 파서 성공한 사람들도 분명 존재한다. 그러나 한 우물만을 파서 성공하지 못하는 사람이 더 많은 것이 현실이다. 실제로 대학 졸업생 중에서 자기 전공과 직업의 일치도를 조사했을 때 일치한다는 응답은 30.0%였으며, 상관이 전혀 없음은

44.8%로 전공과 직업이 일치하는 것보다는 일치하지 않는 것이 14.8% 높은 것으로 나타났다. 이것은 대학 졸업생만을 대상으로 조사한 것이므로 대학을 가지 않은 경우를 생각하면 훨씬 많은 사람들이 한 우물형 인재로 성공할 수 없다는 것이다. 아래의 예는 한 우물만 파서 실패한 경우의 예이다.

필자가 명문 고등학교에 근무할 때 만난 J라는 제자가 있었다. J는 초등학교 때부터 알아주는 천재였으며 그의 꿈은 법관이 되는 것이었다. 그는 고등학교에서도 좋은 성적으로 졸업하였을 뿐만 아니라 명문 대학교 법학과에 입학하였다. 그는 대학에서도 계속 공부를 잘하였다. 그런데 사법 시험만 보면 떨어지는 것이었다. 3수를 하고도 떨어져 군대에 다녀왔다. 그러다 보니 취업을 할 수 있는 나이도 지나버렸다. 그는 어쩔 수 없이 자기가 가고자 하는 법관의 길에 전력을 다했다. 그는 계속 떨어졌으며 10년 차를 넘겨 지금은 30대 중반의 무능력한 중년이 되었다. J가 선택할 수 있는 일은 학원에서 강사생활로 생계를 유지해야만 하는 것이었다. 그는 현재 깊은 절망에 빠져 자신의 한 우물형 삶을 비관하고 있다.

필자의 선배 중에 M이란 분의 딸은 유치원 때부터 피아노 연주에 탁월한 재능을 가지고 있었다. 선배는 많은 돈을 들여 초등학교부터 레슨을 시켜 예술고등학교에 입학시켰다. 고등학교에서도 예술성을 인정받고 명문 대학 음악과에 들어갔다. 그러나 문제는 선배가 실직을 당하면서 더 이상 딸에게 경제적인 지원을 하지 못하게 된 것이다. 선배의 딸은 외국 유학의 기회를 놓쳐버린 상태에서 졸업을 하였다. 선배의 딸은 오직 피아노 연주 밖에는 해본 것이 없었기에 졸업 후 피아노학원을 차리는 것이 그가 할 수 있는 일의 전부였다. 요즘처럼 피아노학원이 많은 상태에서 피아노학원을 운영하는 것은 쉽지 않았다. 한때는 촉망받던 재원도 주변의 충분한 지원을 받지 못하여 결국 꿈을 접을 수밖에는 없었으며, 현재는 학원의 운영경비를 마련하기도 부족할 정도로 힘든 상태에 놓여 있다.

　사회는 계속해서 변하고 있다. 미래학자들이 예측하는 미래 사회의 변화는 첫째, 사회의 변화는 기존의 직업을 무의미하게 만들며 새롭고 다양한 직업들을 등장시킨다는 것이다. 둘째, 기존의 얕은 지식은 이제 어디서나 쉽게 찾을 수 있는 시대가 되었으며, 지식은 더욱 고급화 전문화되어 간다는 것이다. 셋째, 얕은 지식보다는 경험을 더욱 중요시하는 사회가 오는 것이다. 이러한 지식 정보화사회에 대비하려면 결국 창의성과 다양성을 바탕으로 해야 한다는 것이다.

　결국 우리는 미래에 대한 올바른 방향을 설정하여 그 결과가 나올 때까지 거기에 전력 질주하거나, 기다리면서 안주하는 것이 아니라 끊임없이 새로운 도전을 준비해야만 한다. 그래야 변화하는 사회 속에 적응할 수 있기 때문이다. 이제 우리는 인생에서 한 우물만을 팔 것이 아니라 여기도 파 보고 저기도 파 보다가 물이 나오면 일단은 물이 나오는 쪽에 전력투구해야 한다. 그러나 물이 나온다고 해서 안심하면 안 된다. 즉시 다른 우물을 파야 한다. 왜냐하면 옆에서 누군가 다른 우물을 파거나, 환경적인 영향에 의해 금방 말라버릴 수 있기 때문이다.

🌱 우리 자녀만
공부를 못하는 게 아닌데.

이 세상에 태어나서 기고, 걷기 시작하는 아이들을 보라, 얼마나 예쁜가. 그런데다가 다른 아이보다 말이나 걷는 것이 좀 빠르면, 혹은 셈이나 글자라도 좀 빨리 깨치면 "우리 애가 영재가 아닐까? 특별한 재능이 있는 것이 틀림없다." 라고 믿고 싶어 한다. 물론 게 중에는 진짜 특출한 아이도 있을 것이고, 또 어느 특정 분야에 재능이 뛰어난 아이도 있을 수 있다. 그러나 대부분은 인간이 발달하는 정도에 따라 좀 빠르기도 하고 또 조금 늦기도 한 자연스러운 현상이다.

아이가 학교에 들어가면 부모에게 아이는 더는 예쁜 아이가 아니고 문제아가 되기도 하고 공부를 못해서 골칫덩어리 같은 존재가 되기도 한다. 아이들은 갓난아기 때부터 초등학교에 입학하기까지 똑같은 인격체이며 단지 변한 게 있다면 신체적으로 성장하기만 했는데 왜 다르게 보이는 것일까? 그것은 부모의 눈높이가 달라졌기 때문이다. 예쁜 짓만 하면 모든 게 좋아 보이던 때에서 벗어나 공부까지 잘해주기를 원하기 때문이다.

우리가 공부를 잘한다고 할 때 통상 상위 몇 %나 잘한다고 하는 것일까? 공부를 잘한다는 것은 절대적인 개념이기 보다는 상대적인 개념으로 보고 있다. 통상적으로 상위 30%에 들면 공부를 잘한다고 하자. 그럼 나머지 70%는 공부를 못하는 것이 된다. 만약 상위 10%가 공부를 잘한다고 한다면 나머지 90%는 공부를 못하는 것이 된다. 그런데 문제는 상위권에 들지 못하는 학생을 둔 부모의 특징은 자녀를 그 학생보다 공부를 못하는 학생이 아닌 상위권에 있는 학생들과 비교를 하는 것이다. 그래서 중간권에 속한 학생도 상위권 학생에 비하여 공부 못하는 학생으로 매도되기도 한다.

공부를 잘하는 아이가 있으면 못하는 아이도 있기 마련이고 그것이 세상의 이치다. 하지만 그것이 내 자녀에게 해당된다면 받아들이기 어려워진다. 그래서 공부를 못하면 꼭 우리 아이만 못하는 것으로 생각한다. '내 아이만은 잘했으면…' 하는 욕심은 결국 공부에 대한 집착을 버리지 못하게 한다. 자연스레 자녀의 성적은 일상생활을 지배한다. 그래서 갖은 구박과 스트레스를 아이에게 주고 있다. 형제가 성적 차이가 날 때는 더욱 그러하다. "너의 형은 공부를 잘하는데 넌 도대체 누구를 닮아서 그러니?", 또는 "너는 밥만 축내지 잘하는 게 뭐가 있니?", "도대체 넌 커서 뭐가 될래?" 이런 이야기를 부모는 하고 있다.

입장을 바꾸어서 한번 생각해보자. 아이들은 자기 나름으로 최선을 다했다고 생각한다. 또 사회적으로 공부를 못한다는 것은 단지 객관적 평가가 그렇게 나온 것뿐이라는 것이다. 이 세상에 공부를 못해서 굶어 죽은 사람이 없다는 사실을 안다. 따라서 이러한 부모의 말은 야속하기만 하다. 그러면서 공부 이야기만 나오면 아이들은 고개를 돌리고 만다. 공부는 부담스러운 것이며 더 하기 싫어진다. 세상 사는 일도 자신이 없어진다. 그러다 보면 사람을 피하고 모든 일에 소극적으로 변하여 공부를 못하는 게 아니라 사회의 낙오자가 되어 버리는 것이다.

따라서 공부 못하는 자녀라고 해도 자녀를 있는 그대로 인정해줘야 한다. 공부를 못하는 것이 아니라 객관적인 숫자가 그럴 뿐이라고. 사람은 누군가에게 인정받고 있음을 알 때 더 잘하고 싶은 생각이 든다. 아이들을 있는 그대로 인정해주면 공부에 대한 부담은 갖지 않는다. 오히려 편한 마음을 가지고 자신 있게 세상을 살아갈 것이다. 여러분은 자녀가 공부 못하는 것을 비난하겠는가? 아니면 있는 그대로 받아들이겠는가?

🌱 빈대 잡으려다 초가삼간 태운다.

지금 미국에서는 버릇없는 아이들에 대한 논란이 한창이다. 《뉴욕 타임스》지가 아이를 막 놓아 키우는 주범은 가정교육을 책임진 부모라고 거론하면서 사회적 이슈로 급부상하는 중이다. 어느 시대를 막론하고 버릇없는 아이들의 얘기는 등장한다. 하다못해 이집트의 피라미드 벽에 요즘 젊은 것들은 버릇이 없다는 낙서가 되어 있다고 하지 않은가. 이처럼 버릇없는 아이들이 등장하는 것은 부모가 자녀를 남들보다 잘 키우려는 경쟁의지에서부터 시작한다. 사회의 규범이나 예절을 가르치는 것이 아니라 남들보다 잘 살아야 하는 방법, 남들보다 특권적으로 사는 방법, 남을 이기는 방법만을 가정에서 가르치기 때문이다.

자기 자식이 성공하기를 바라는 부모의 마음은 끝이 없다. 그러다 보니 부모나 어른들에게 예의가 바르지 않아도 공부만 잘하면 되고, 집안의 대소사에서도 공부하라고 열외를 시켜준다. 공부를 위하여 문화활동도 자제하기를 주문하고 인간관계까지도 단절시키는 부모도 있다. 이러한 환경에서 자란 아이들은 어떨까? 공부는 잘할 수 있겠지만 부모의 고마움을 알기는 어렵다. 아이들이 나중에 성인이 되었을 때 효도는 더욱 기대하기 어려울 것이다. 평생 의지하며 우정을 나눌 친구도 얻지 못하여 외롭게 지낼 수 있으며, 세상 일과는 무관하게 외골수와 같은 생활을 하는 등 여러 가지 다른 면에서도 문제점이 드러날 것이다.

몇 년 전 미국 유학 중 100억대 유산을 받으려고 한국에 돌아와 부모를 살해한 것으로 알려진 P군 사건을 계기로 버릇없이 키우는 것이 문제가 되었다. P군의 부모는 남부럽지 않은 재력가로서 P군을 금이야 옥이야 길렀다. 힘든 일 한번 안 시키고 좋은 교육의 기회는 다 주었다. 좋은 옷에, 좋은 음식, 좋은 선생은 물론이고 어려운 일은 전혀 시키지 않았다. 한마디로 어려움을 모르고 세상을 살게 한 것이다. 그러나 P군은 대학에서 떨어지고 전문대학에 진학하려 하자 P군의 아버지는 꼭 대학에 들어가야 한다는 논리로 아들을 미국으로 보내 유학생활을 하게 했다. 그러나 넉넉한 경제적 상황과 통제 없는 타국 생활이 P군을 구렁텅이로 내몰았다. 마약, 술, 여자 등 방탕한 생활을 일삼다가 그것을 안 아버지의 호출을 받는다. P군은 부모의 집을 털어 유흥비로 쓸 계획을 잡고 몰래 귀국하여 밤에 집안으로 들어갔다. 늘 돈을 보관하던 곳을 알기에 그곳을 여는 순간 부모가 깨는데, 당황한 나머지 부모를 살해하고, 그것을 무마하기 위해 집에 불을 질렀지만, 결국 경찰의 수사로 잡히고 말았다. P군의 아버지가 죽기 전에 P군의 정강이를 물었기 때문이다. P군의 부모는 P군을 금이야 옥이야 기르면서 최고가 되는 상상을 하였을 것이다. 꿈에도 자기가 극진히 사랑하는 아들인 P군에게 죽음을 당할 거라고는 생각하지 못했을 것이다.

만약 P군의 부모가 어렸을 때 P군의 생활 습관을 바로 잡아 주고 인간을 만드는 교육을 했다면 빈대 잡으려다 초가삼간 태우는 일은 없었을 것이다.

🌱 부모는 자녀를
얼마나 알고 있는가.

우리는 매일같이 자녀와 한집에서 자고 먹는 일을 하기 때문에 아이들을 정확히 알고 있는 것으로 착각한다. 그래서 아이의 생각을 다 아는 듯이 부모로서만 아이들을 교육하고 있다. 그러나 실상은 자녀의 생각을 잘 모르는 경우가 많다. 우선 시대의 변화에 따라 부모와 자녀 간에는 세대 차이가 크다. 세상은 급변하는데 자신 자랄 때의 생각만으로 아이들을 맞추려고 하면 아이들은 탈선하거나 마음의 상처를 받기 쉽다.

따라서 좋은 부모가 되려면 가장 먼저 우리의 아이가 누구인지를 알아야 한다. 그가 무슨 생각을 하고 있고, 어떤 기분으로 살고 있으며, 어떤 행동을 하는지 알아야 한다. 내 아이가 어떤 아이인 줄을 모르면서 부모가 원하는 것만을 해 주기를 바라는 것은 부모의 아집에 불과하다.

나무를 키울 때 빨리 크도록 하려고 나무줄기를 잡아 뺀다면 그 나무는 죽고 말 것이다. 자녀를 모르고 가르치는 것은 마치 나무보고 빨리 자라라고 잡아 빼는 것과 똑같다. 무엇을 가르치기 전에 내 자녀에 대해서 알아야 한다. 그래야 그 아이에게 맞는 부모의 역할을 할 수 있다. 부모는 자녀의 욕구에 민감해야 하고 솔직할 수 있어야 한다.

여러분은 자녀를 정확히 알고 있는가? 자녀의 성적이야 성적표를 보면 정확히 알 것이다. 하지만 우리 아이가 "왜 공부를 안 하는지, 왜 공부를 못하는지? 우리 아이가 무엇을 목표로 살고 있는지? 우리 아이가 진정으로 원하는 것은 무엇인지?"를 정확히 아는 부모는 그리 많지 않다. 그래서 부모 세대에 살던 습관대로 자녀를 읽는다. 우리가 이렇게 살았으니 아이들도 그래야 한다는 것이다. 그래서 아이들이 좋아하는지 싫어하는지도 따지지 않고 부모의 주관으로 아이들을 내모는 경우가 많다. 그러나 세상은 무척 변했다. 우리가 젊었을 때 신세대라고 하여 기성세대들은 버릇없고 이해하기 어려운 세대라는 이야기를 하였다. 그러나 우리의 아이들은 더욱 빠르게 변하고 있다. 그런데도 변화에 민감하지 못한 부모세대는 자기의 잣대로 아이들을 재고 있다.

급변하는 시대만큼 젊은 세대들도 변하고 있다. 지난 90년대 초 기존의 질서를 거부하며 등장했던 'X 세대'는 미국의 작가 더글러스 쿠플랜드(Douglas Coupland)의 장편소설에서 나왔으며, X 세대의 개념은 반항적이고, 제멋대로이고, 주위 눈치를 안 보는 개성파들이고, 뭔가 튀는 세대라는 뜻으로 널리 알려졌다.

최근 인터넷 세대를 일컫는 'N 세대'가 등장하였다. N 세대란 '네트 제너레이션(Net Generation)'을 뜻하는 말로 미국의 사회학자 돈 탭스툿이 《N 세대의 무서운 아이들》이란 책에서 처음 사용했다. 흔히 77년 이후 태어난 세대로 인지 능력이 생길 때부터 컴퓨터와 친숙한 젊은 층을 가리킨다. 이전의 세대가 TV를 통해 일방적인 지식이나 정보를 전달받는 세대였다면, N 세대는 쌍방향 통신으로 논쟁을 벌이는 등 적극적으로 자기의견을 말하는 능동적인 특징을 지녔다고 하겠다.

Y 세대는 2차 대전 후 베이비붐 세대가 낳은 2세들을 일컫는 말로 전세계적으로 등장한 신세대이다. No라고 말하는 X 세대 대신 Yes란 말을 즐겨 하기 때문에 Y 세대라 한다. Y 세대는 명령과 통제라는 전통적인 방식의 관리에 잘 적응하지 못한다. 도전을 두려워하지 않아 개인사업으로 독립하려는 경향이 강하다.

가장 최근에는 'P 세대' 라는 신조어가 등장해 눈길을 끌고 있다. P 세대는 '참여'(Participation), '열정'(Passion), '사회 패러다임의 변화 주도'(Paradigm-shifter)에 적극적인 세대로, 지난해 월드컵과 광화문 촛불시위, 대통령선거 과정에서 앞장섰던 우리 사회의 젊은 층을 지칭하고 있다. 그러나 P 세대는 집단보다 개인의 이익을 중시하고 미래보다는 현재의 행복을 중시하면서 문제 발생의 원인을 남에게서 찾는 등 일부 부정적인 모습도 보이고 있다. P 세대는 과거 386세대의 사회의식과 X 세대의 소비문화 N 세대의 생활방식 등이 모두 융합된 특성을 지니고 있다.

어제는 고2 남학생을 자녀로 둔 한 학부형을 만났다. 그 학부형은 며칠 전 아들이 공부하는 것이 적성에 맞지 않는다고 공부를 더는 하지 않고 프로게이머가 되겠다고 하여 고민이 생겨서 이렇게 상담하러 왔다는 것이다.

아이는 부모가 모르는 사이에 학원을 간다고 나가서 게임방에서 게임만을 하였다는 것이다. 몇 달이 지나도록 몰랐는데 우연히 PC방에서 전화가 와 "댁의 아드님이 지역 게임대회에서 우승을 차지했으니 상품을 타러 오라"라는 전화를 받고서 아이가 학원을 가지 않는 것을 알았다는 것이다. 그래서 학교 끝나고 돌아오는 아이에게 솔직히 털어놓으라고 하니 아이는 공부가 너무 싫어졌다고 하였다는 것이다.

중학교까지는 공부를 줄곧 잘해서 고등학교 때도 잘할 것으로 생각하였지만 아이는 고등학교에 입학하면서 학습의 부담이 증가해 공부를 해도 효과가 생기지 않았다. 아이는 스트레스를 없애려고 PC 방에 들려 게임을 하다 중독이 된 것이다. 결국 엄마가 다그치니까 솔직하게 자신의 의사를 표시한 것이다. 아이는 "엄마, 저는 공부는 적성에 맞지 않는 것 같은데 게임은 너무 적성에 맞는 것 같아요. 내가 꼭 프로게이머가 되어서 엄마 외국 여행 보내드릴게요." 라고 이야기했지만 아무 소리 들리지 않고 공부를 안 하는 아들이 밉기만 했다는 것이다. 엄마가 자랄 때 게임은 공부를 방해하는 것으로 생각하였기 때문이다.

엄마는 게임이 공부를 방해한다는 생각만 하고 게임을 못 하게 하려고 온갖 방법을 동원했다고 한다. 용돈을 줄이고 학원을 직접 데려다 주고 데려오고 하면서 게임을 할 수 없도록 하였다. 그러자 아이는 반항을 시작하였고 집에서 대화를 단절하였다. 그리고 엄마는 아이만 보면 화가 났고, 그러다 보니 부부간의 싸움이 되었고 집안은 어두워졌다는 것이다. 그래서 어찌하면 좋겠느냐는 내용이었다.

필자는 그 학부형에게 "이미 결론은 나와 있는데 왜 수용을 안 하느냐"고 물었다. "게임은 공부가 아니잖아요."

필자는 또 물었다. "자녀가 앞으로 게임을 그만두면 공부를 할 수 있을까요?"

그분은 말했다. "아니요. 이미 아이는 공부를 떠났어요."

"그럼 공부를 안 하는 자녀에게 매일 공부하라고 하면 아이가 공부할까요?"

"아니요."

필자는 말했다. "게임 부분에서는 지역에서 우승할 정도로 잘한다면 공부를 잘할 때처럼 격려를 해주면 어떨까요? 그래서 게임으로 성공해서 어머니를 외국 여행 보내드릴지 아나요?"

그분은 말했다. "맞네요. 왜 내가 이제까지 게임을 노는 것이라고 보고 공부라고 보지 못했을까요? 오늘은 돌아가서 간식을 준비하고 있다가 돌아오면 엄마가 밀어줄 테니 한번 열심히 해봐! 라고 말해야겠어요."

그리고 나서 며칠 뒤에 전화가 왔다. "정말 고맙습니다. 제가 선생님 말대로 혼내지 않고 격려를 하니 아이가 감격의 눈물을 흘리고 너무 좋아했어요. 그뿐만 아니라 아이가 말이 많아지고 가정이 화목해졌어요. 그리고 더 중요한 것은 아이가 프로게이머가 되기 위해서는 대학에 가야 한다는 것도 알았어요. 그래서 대학 가기 위해 공부도 하겠다고 했어요."

아이의 생각을 조금만 더 이해하였다면 일은 쉬웠을 것이다. 가정의 불화와 아이의 반항을 보지 않았어도 될 것이다. 그러나 부모의 시각으로 아이를 보면 아이는 문제아가 될 수밖에 없다. 부모는 아이를 정확히 이해하려고 노력을 해야 그들이 원하는 것을 격려할 수 있을 것이다.

공부 제대로 알고 해야 길이 보인다

4

어린 눈이
당신을
보고 있다.

여기 어린 눈이 있어 당신을 지켜본다.
밤이나 낮이나 당신을 보고 있다.
여기 어린 귀가 있어
당신이 하는 모든 말들을 남김없이 듣고 있다.
여기 어린 손이 있어
당신이 하는 모든 일을 따라하고 싶어한다.
그리고 여기 당신처럼 될 날을 꿈꾸는
어린 소년이 있다.
당신은 그 어린 친구의 우상이며
그에게 있어서 당신은
세상에서 가장 지혜로운 사람이다.
그의 어린 마음은
당신에 대한 어떤 의심도 일으키지 않는다.
그는 무조건 당신을 믿으며
당신이 말하고 행동하는 모든 것을 받아들인다.
그는 당신처럼 어른이 됐을 때
당신이 하던 방식 그대로 말하고 행할 것이다.
여기 당신이 항상 옳다고 믿는
커다란 눈의 어린 친구가 있다.
그의 눈은 언제나 열려 있고
그는 밤이나 낮이나 당신을 지켜본다.
당신은 날마다 당신이 하는 모든 행동 속에서
하나의 본보기가 되고 있다.
어서 어른이 되어 당신처럼 되기를
기다리는 그 어린 소년에게
작자 미상 -마음을 열어주는 101가지 이야기 중에서-

🌱 공부가 도대체
무엇이기에.

공부를 오랫동안 해온 우리에게 이런 질문은 조금 우문일 수도 있고 황당한 질문일 수도 있다. 이처럼 매일 교육을 받으면서 중요한 것이라고 생각은 하지만 공부에 대하여 정확한 의미를 묻는다면 당황하지 않을 수 없다.

무슨 일이든 목표를 갖고 실행하기 위해서는 내가 하는 일이 무엇인지를 정확히 알고 시작해야 한다. 목표가 정확해야 전략도 정확하며, 그래야 원하는 목표에 도달할 확률도 높다. 어떤 일을 할 때 정확한 의미도 모르고 남들이 하는 거니까 나도 한다는 식으로 따라서 한 일치고 잘 되는 일이 있는가를 생각해보자. 예를 들어 남들이 여행 가는 것을 보고 따라서 여행을 간다고 해보자. 그저 따라가는 여행이다 보니 여행을 가는 데 목적지가 어딘지도 모르고 여행을 간다면 재미가 있겠는가? 목적지가 없으니 가다가 포기하기도 쉬울 것이다. 여행지에 도착해도 즐겁지 않을 수도 있을 것이다.

왜 성인들은 공부를 안 하려고 하는지, 왜 학생들은 공부를 싫어하는 것인지에 대한 답을 찾기 위해서는 먼저 정확한 공부의 의미부터 알아야 한다고 생각한다.

우리는 살면서 많은 교육을 받아왔다. 과거에는 사람들에게 "교육을 몇 년 받았느냐?"는 질문을 던지면 "초등학교 6년, 중학교 3년, 고등학교 3년, 대학교 4년, 총 16년 받았습니다." 라고 답을 하였다. 그러나 이제는 똑같은 질문에 "태아교육, 유아원, 유치원, 초등학교 6년, 중학교 3년, 고등학교 3년, 대학교 4년, 대학원 2-3년, 대학원 박사과정 3-5년, 신입사원 연수, 직무연수,

퇴직 전 연수, 퇴직 후 연수, 노인대학, 죽음 교육…, 등 평생 교육을 받았습니다.” 라고 답하는 시대가 되었다.

지금까지 우리가 받은 교육이라는 것은 이처럼 공교육 측면에서만 다루어졌으나 현대를 살기 위해서는 16년의 공교육만으로는 부족하기 때문에 평생 교육을 받을 수밖에 없는 사회환경으로 가고 있다. 그래서 주변에 수많은 학교교육을 다 마친 성인들을 위한 학원과 여성회관, 복지관, 도서관, 문화센터, 박물관, 주민 자치센터, 박물관, 각종 평생교육원, 노인대학 등 수많은 교육시설이 생겨나는 것을 보면 시대가 학습을 요구하고 있다는 것을 알 수 있다.

그럼 우리의 교육은 언제부터 이루어졌는가를 고민해볼 필요가 있다. 언제부터 이런 공부라는 제도가 생겨났을까? 그것은 인류의 탄생부터 시작되었다. 원시시대부터 인류는 생존하기 위하여 사냥이나 채집을 배웠고, 불을 사용하는 방법, 경작하는 방법 등을 배워 지금처럼 학교라는 기관에서 공식적인 교육을 받고 있다. 이처럼 교육은 인류역사의 시작과 함께 시작된 것이다.

그렇다면 과연 공부라는 것은 무엇일까? 학교 현장에서 매일 공부를 하는 학생들에게도 공부의 정의를 물어보면 한 번에 대답하기가 쉽지 않다. 일부의 학생이 “공부란 모르는 것을 알아가는 과정이다.” 라고 답하면 그래도 공부에 대하여 정확히 아는 학생일 것이다. 그러나 이런 대답보다는 “공부는 외우고 문제 풀고 그러는 것이다.” 라는 대답이 더 많은데 이는 공부를 무엇 때문에 하는지 모르고 어쩔 수 없이 하는 것이라는 강박관념을 표현한 것이기도 하다. 또는 “좋은 직장 선택” 이라는 목표를 실현하기 위해서 하는 것이라고 답하는 학생이 있는 반면에, “시험을 잘 보기 위하여”, “먹고 살기 위해서” 라고 해서 공부를 단지 생존하기 위하여 거쳐 가는 절차라고 생각하는 학생들도 있다. 이처럼 매일 공부하는 학생들마저 정확한 뜻을 모르고 하는 사람이 많으니 공부를 하지 않는 성인들은 공부를 무엇이라고 생각할까?

공부(工夫)의 사전적 의미를 보면 '학문이나 기술을 배우거나 닦는 것' 을 말한다. 공부는 명사이면서도 타동사로 사용한다. 타동사로서의 공부는 움직임의 대상인 목적어가 있어야 뜻을 이루는 단어로, 공부에는 목적이 있어야 함을 의미한다. 종합해보면 공부는 어떤 목적을 가지고 학문이나 기술을 배우거나 닦는 것을 말한다. 결국 목적이 없다고 공부가 아니라는 것은 아니지만 공부는 목적이 있어야 공부로서의 의미가 있다는 것을 말한다. 우리가 공부를 할 때 어떤 목적을 가지고 하는가에 따라 그 공부는 의미가 있는 것이 될 수도 있고 하기 싫은 것이 될 수도 있다는 것이다.

공부에는 목적이 있어야 한다.

수업을 하다 보면 학생들이 간혹 이런 질문을 한다. “교수님, 공부는 왜 해야 하나요?” 또는 이런 질문도 한다. “에이, 공부해서 뭐해요. 읽고 쓰고 덧셈 뺄셈만 하면 되지.” 필자는 이런 질문을 대하면서 참 안타까운 생각을 하곤 한다. 10여 년 이상을 공부하고도 아직도 왜 공부해야 하는가에 대한 목적을 제대로 알지 못하는 모습을 보면서 우리 교육에서 가장 중요한 부분을 제대로 짚어주지 못한 것은 아닌가 생각해본다.

공부를 왜 해야 하는가는 우리에게 아주 중요한 부분이다. 사람은 어떤 일의 목적을 뚜렷이 알 때 그 일을 가장 효율적으로 행할 수 있다. 따라서 우리는 공부하는 목적을 제대로 알아야 공부를 가장 효율적으로 할 수 있다. 공부(工夫)의 사전적 의미에서도 지적하였듯이 공부는 어떤 목적을 가지고 학문이나 기술을 배우거나 닦는 것을 말한다. 따라서 의미 없는 공부는 힘이 들 뿐이다. 왜 해야 하는지를 모르면서 남이 하니까 하거나, 남이 시키니까 한다는 것은 공부하고자 하는 의욕도 떨어질 뿐만 아니라 억지로 해야 한다는 부담감으로 자리를 잡는다. 이러한 부담감은 결국 원하는 목적인 대학 진학이나 취업이 이루어지면 공부는 다시는 생각하기도 싫은 것으로 자리를 잡아 인생에서 이제는 공부를 접는 계기가 되는 것이다.

공부는 그 자체가 목적이어야 하고, 가치를 추구하는 대상이어야 한다. 공부는 결코 수단이 되어서는 안 되고, 그 자체에 의미를 부여해야 한다. 따라서 공부의 1차적인 목적은 자기 자신의 발전과 정신과 영혼의 숭고한 에너지를 얻는 것이다. 공부를 통한 2차적인 목적은 사람은 공부로 인간다운 삶을 보장받고 자아실현의 기회를 얻을 수 있다. 1차적 목적만으로는 학자나 성인들을 제외하고는 공부에 대한 매력을 끌기에는 논리가 부족할 것이다. 오늘날 사회 구조는 공부라는 가치에 대하여 평가라는 제도를 도입하여 대학 진학이나 취업을 판가름하는 잣대로 사용하면서 원래의 공부라는 의미를 왜곡시키고 있기 때문이다.

사회가 아무리 실질적인 것에 관심을 둔다고 해도 공부에 대해서만큼은 2차적인 목표보다는 1차적인 목표를 소중하게 생각해야 한다. 2차적인 목표만 중요시하는 사회에서 공부로 성공하여 사회를 이끄는 지도층이나 지식인 중에는 그들의 역할을 제대로 수행하지 못하거나 오히려 해를 끼치는 일도 있다. 오직 성공을 위하여 지나친 경쟁의식만으로 뭉친 사람들이 사회를 이롭게 하기보다는 극도의 이기주의로 옳지 못한 처신과 방법으로 사회를 희망이 없는 각박한 사회로 만들어 가는 모습을 자주 보게 된다. 그러나 1차적인 목표로 열심히 공부하여 성공한 지도층이나 지식인들은 남들로부터 존경받으며 이 사회를 아름답게 만들거나 국민에게 희망을 주고 있다는 것을 알 수 있다.

오늘날 사회구조의 변화는 공부를 개인의 출세도구로 만들고 있으며 이를 따르지 않으면 사회 속에서 생존할 수 없는 시스템으로 몰고 있어서 우리는 공부를 할 수밖에 없다. 더욱이 이제는 급격한 노령사회로 진입하면서 노인문제의 심각성 속에 노인들이 사회에 참여하고 싶지만 기회가 주어지지 않아 의미 없는 삶을 연명해 가는 것을 주변에서 쉽게 볼 수 있다. 경제적으로 풍성하다고 해서 삶이 꼭 행복한 것은 아니다.

심리학자 아브라함 머슬로우의 욕구 5단계를 보면 먹고사는 생리적 욕구가 달성되면 안정적인 욕구를 지향하게 되고 이것이 달성되면 결국은 사회에서 무언가 할 일이 있어 사회에 참여하여 남들로부터 인정받고 싶은 욕구가 생길 수밖에 없다고 한다. 결국 현재의 노인문제는 사회에서 은퇴하기 전에 공부를 안 하는 사회적인 풍토 때문에 발생한 것으로 생각한다. 오래전부터 은퇴 후를 위하여 공부를 한 분들을 보면 노후를 아주 행복한 마음으로 사회에 참여하며 아름답게 보내는 것을 볼 수 있다.

공부는 실질적인 것이 아니라 이상적이다.

사람들은 교육만 받으면 원하는 대학이나 직장에 취업하고 궁극적으로는 성공할 수 있다고 생각한다. 물론 이는 잘못된 주장은 아니지만 교육의 의미를 너무 축소해서 생각한 것이다. 교육은 단순히 현실적인 목표를 지향하기도 하지만 그것보다는 원대한 사회적 이상을 담고 있다. 그러나 현실적일 수밖에 없는 학습자나 학부모는 정부에 거는 기대가 크다. 그러나 보니 국민의 욕구는 크지만 정부에서는 국민의 모든 기대를 해결해 주기 어렵다.

교육은 동물에게는 존재하지 않는 인간사회만이 가진 제일 중요한 근본 기능이다. 교육이 있었기에 문화가 발전하였으며 미래가 있는 것이다. 지금 우리가 사는 이 세상도 사회생활이 있는 곳에는 어떤 형태든 교육기능이 존재하고 있다. 따라서 교육은 인간이 생활을 시작한 이래 오늘날까지 행해져 온 작용으로서 사회가 있는 한 앞으로도 영원히 이루어질 것이다. 그런데 우리는 흔히 교육을 생각할 때 '학교에서 배우는 것'으로 연상하기 쉽다. 좀 더 자세히 설명하면 교육은 사회의 극히 일부의 전문적인 사람, 다시 말하면 교사에 의해 학교와 같이 정해진 장소에서 공식적으로 행해지는 것만으로 생각하고 있다. 그래서 교육이라는 단어를 떠올리면 매우 무겁게 생각한다.

그러나 교육이 단지 학교에서 배우는 것만을 지칭하지는 않는다는 것은 누구나 알 것이다. 교육은 가정, 친구, 독서, 대중매체, 인터넷 등등 여러 분야에서 광범위하게 일어나고 있으며, 그래서 교육의 개념이 막연하기도 한 것이다. 부모와 자녀의 대화 속에도 교육은 있고, 독서 속에서도, 경험 속에서도, 여러 사람의 회의 속에서도, 남들의 삶을 보는 것도, 시간이 지나면서 스스로 깨닫는 것도 교육이라 할 수 있다. 교육의 방법은 혼자 독학으로 해결할 수도 있고, 일대일의 교육도 있을 수 있고, 배우는 사람이 많고 가르치는 사람은 하나일 수도 있고, 배우는 사람도 많고 가르치는 사람도 많을 수 있고, 배우던 사람이 가르치기도 할 수 있다. 전달방법에도 말을 통해서 교육이 이루어지기도 하지만, 말을 하지 않고도 모범을 보여 배울 수도 있고, 비디오나 인터넷을 통해서도 이루어진다. 교육학에서는 가르치는 사람의 외모도 교육에 큰 영향을 끼친다고 하여 잠재적 교육과정의 중요성을 강조하여 가르치는 사람의 몸가짐을 조심하도록 조언하고 있다.

이렇게 교육은 광범위한 현상으로 매우 포괄적인 의미를 지니고 있어서, 교육에 대한 정의는 시대와 학자에 따라 그리고 관점에 따라 여러 각도에서 다양하게 내려지고 있다. 따라서 하나의 통일된 정의를 규정하기는 어렵다.

교육(敎育)의 사전적 의미는 "지식을 가르치고 품성과 체력을 기름"을 의미한다. 철학자이자 교육자인 칸트는 교육을 "돈, 명예, 권력 등의 소유가 아닌 경험을 통한 자신의 지적, 도덕적, 정서정 성장"이라고 하였다. 교육학자 정범모 선생은 "교육은 인간 행동의 계획적 변화"라고 규정하고, "인간은 교육의 의도성과 계획성으로 변화라는 목적과 결과를 가져오는 것"이라고 하였다.

지금까지의 교육에 대한 정의를 종합해보면 교육의 의미는 눈앞의 작은 목표를 실현하는 것이 아니라 원대한 목표를 실현하기 위한 것이라 할 수 있다. 즉 교육은 참된 인간을 양성하는 데 필요한 것이며, 문화의 적응과 새로운 문화창조를 위해 교육이 필요하다고 할 수 있다. 참된 인간이란 인간 본래의 선한 품성을 보존하며 내면적 의지를 실현해나가는 사람을 말한다. 그리고 문화는 인간이 사회를 살아가면서 형성되는 것으로서, 우리는 교육을 통해서 그 문화를 보존하거나 또는 발전시켜 나가야 한다.

그러나 오늘날 우리 현실을 보면 교육을 단지 취업이나 대학 진학이라는 눈앞의 실질적인 목표를 달성하게 하는 수단으로서의 분위기가 지배적이어서 학생 때는 세계 어느 나라에 비교하여 뒤지지 않은 교육열을 가지고 있으나 성인이 되어서는 세계에서 공부를 제일 안 하는 나라로 바뀌는 것이다. 따라서 지금 우리가 겪는 다양한 교육의 문제를 바로잡기 위해서는 교육이 실질적인 목표를 지향하는 것이라기 보다는 이상적인 목표를 지향한다는 것을 깨달아야 할 것이다.

🌱 지금은 교육 받는 시대가 아닌 학습하는 시대.

동양에서의 교육(教育)이란 한자는 맹자(孟子)의 "천하의 영재를 모아 교육하다(得天下英才而教育之)"란 글에서 비롯되었다고 한다. 글자의 구성 면에서 보면 '教'는 매를 가지고 아이를 길들인다는 뜻이고, '育'은 갓 태어난 아이를 살찌운다는 뜻으로 기른다는 의미가 된다. 이를 풀어보면 동양에서 교육의 의미는 교사적이며 하향적이고 권위적인 의미로서 인간의 잠재력을 배제한다. 이와는 달리 서양에서는 크게 그 어원을 education과 pedagogy에서 찾아볼 수 있다. education은 라틴어의 영향을 받은 것으로 e+ducare이다. 여기에서의 e는 '밖으로'라는 의미, ducare는 '끌어내다'라는 의미로 아동 중심적인 교육을 나타낸다. pedagogy는 그리스어에서 유래했는데 paidos+agogos의 합성어로 paidos는 '아이', agogos는 '이끌다'를 의미한다. 결국 서양에서 의미하는 교육의 의미는 인간의 내부적 능력을 개발시키고 미숙한 상태를 성숙한 상태로 만든다는 의미를 포함하고 있다.

우리는 공부를 하는 것에 대하여 교육과 학습이라는 말을 혼용하여 사용하고 있다. 교육(敎育)의 사전적 의미는 "지식을 가르치고 품성과 체력을 기름"을 의미한다. 학습(學習)의 사전적 의미는 "배워서 익힘"을 의미한다. 사전적 의미만을 보아서는 정확하게 차이를 인식하기 어렵다. 그러나 교육과 학습이라는 단어는 엄연히 큰 차이가 있다. 굳이 차이를 나누자면 일반적으로 교육은 학습자가 받는 수동적인 입장에서 설명하고 있고, 학습은 학습자가 선택하는 능동적인 입장으로 설명하고 있다.

교육의 패러다임은 정보화 혁명과 함께 변화해왔다. 이전의 산업사회에서의 교육은 지식을 수동적으로 받는 것이어서 국가 수준의 교육과정을 학생에게 일방적으로 지식을 전달하는 수업방법이 대부분이었다. 교사가 수업의 주도자로서 지식을 전달하면 학생은 수업의 참여자로서 선택의 여지가 없이 주입식으로 암기를 할수 밖에 없었다. 그러나 이제 정보화 사회가 되면서 학습자가 원하지 않는 교육은 점차 의미를 잃어가고 있다. 그래서 교육의 형태도 공교육에서, 태어나면서 죽을 때까지 받는 평생교육으로 바뀌었고 학습 내용도 학생들의 요구 수준을 반영하는 맞춤식 교육을 지향하고 있다. 수업에서 주도자는 교사에서 학생으로 바뀌었으며 교육 내용도 공부하는 방법을 다루고 있다.

　왜 이러한 교육의 패러다임이 온 것일까? 그것은 바로 사회의 변화에서 답을 찾을 수 있다. 산업사회에서는 대량생산만 하면 돈을 벌 수 있었기 때문에 커다란 공장을 지어서 일정한 모델의 상품을 만들기만 해도 팔렸던 시대가 있었다. 그러나 정보화 사회로 전환하면서 사람들의 욕구는 다양해졌고 한 가지 모델에 오랫동안 집착하지 않는다. 결국 소비자의 다양한 욕구를 해결하기 위해서는 상품도 다양한 것을 지속적으로 개발하거나 만들지 않으면 소비자의 욕구를 사로잡을 수 없다. 다양한 상품을 개발하는 데는 창의성이 필요한데 이러한 창의성을 가진 인재를 양성하기에는 예전과 같은 주입식 교육이 한계에 다다랐다.

　창의성을 가진 인재를 양성하기 위해서는 학습자가 좋아하는 것을 선택하여 자발적으로 참여하게 하는 교육 제도가 뒤따라야 한다. 이미 성인들의 평생교육은 성인들의 자발적인 참여로 자기 주도적인 학습을 하므로 교육에 대한 참여도와 효과도 높은 편이다. 물론 일부의 공교육 기관에서도 이러한 제도가 적용되기는 하지만 아직은 만족할 만한 수준은 아니다.

🌱 공교육이 붕괴된 데에는 학부형의 잘못이 크다.

아이들은 가정에서 바른 마음 바탕을 가진 사람이 되도록 교육받아야 한다. 그리고 학교에서는 사회에서 꼭 필요한 사람이 되도록 학문과 기능을 가르침 받아야 한다. 즉 가정은 자녀가 바른 인격을 가진 사람으로 자라도록 양

육해야 할 절대적 책임이 있고, 학교의 책임은 학생이 바른 사회인으로 자라
는 데 가져야 할 꼭 필요한 학문과 기능을 가르치는 것이다.

오늘날 우리의 공교육이 흔들리고 있다는 데는 여러 가지 요인이 있지만
그중에서도 가장 중요한 것은 가정교육이 올바르지 못하기 때문이다. 공교
육을 믿지 못하는 학부형에 의하여 사교육이 공교육보다 신뢰를 받는 이상
한 사회가 되어 버렸다.

가정에서는 부모를 통해, 학교에서는 스승을 통해서 자녀를 가르치는 데
있어 책임의 소재는 달라도 목적은 하나다. 목적은 자녀가 잘 살게 하는 데
있다. 사람으로 태어났다면 잘 살아야 한다. 잘 사는 삶을 위해서 꼭 필요한
것이 있다. 그것은 바로 '아는 힘' 이다. 교육과 공부의 목적은 자녀에게 아
는 힘을 주는 것이다. 사람답게 잘 살려면 알아야 한다. 무엇이 선이고 무엇
이 악인가를 알아야 한다. 부모에게는 자식의 도리를 알아야 한다. 부모가
되면 부모로서의 도리를 알아야 한다. 남편은 남편으로서의 도리를, 아내는
아내로서의 도리를 알아야 한다. 남자는 남자로서, 여자는 여자로서 지켜야
할 것을 알아야 한다. 형제는 형제로서, 친구에게는 친구로서 가져야 할 마
음가짐을 알아야 한다.

가정교육이나 학교공부의 목적은 자녀에게 학문 지식과 정보를 그 머리
에 넣어주는 데 있는 것이 아니며 뛰어난 기능인을 만드는 데 있는 것이 아
니다. 사람답게 잘 사는 바탕을 다져주며 길을 만들어주는 데 있다. 자녀는
진정으로 가족을 사랑하는 마음과 가정을 지키고자 하는 마음을 가져야 한
다. 이 마음은 부모만이 줄 수 있다.

부모는 자녀로 하여금 사람답게 살게 하는 근본 원동력인 아는 힘을 줄

수 있는 능력을 갖춘 사람이다. 자녀는 부모로부터 이 힘을 받음으로써 사람답게 잘 사는 삶을 살게 된다. 그리고 부모로부터 이 힘을 받아야만 학교에서 학생으로서 바르게 행동할 수가 있다. 선생에게는 제자로서, 학우들에게는 진정한 벗으로서 가져야 할 마음가짐과 행동을 알게 된다. 이 마음은 가르침 받는 학문과 기능이 어디에, 누구를 위해 필요한 가를 바로 아는 분별력을 갖게 한다. 이 분별이 자녀로 하여금 꼭 공부해야 하는 이유를 바로 알게 한다. 이웃을 돕고 복된 사회를 만들기 위해서는 학문과 기능이 필요하다는 것을 알게 한다. 아는 힘을 가져야만 돕는 힘을 갖는 자가 된다는 것을 알게 된다. 이렇게 아는 힘과 돕는 힘을 갖는 자로서 자녀가 자라게 해야 한다. 이 돕는 힘으로 복된 사회가 존재하는 것이지 학문이나 기능, 그 자체가 복된 사회를 낳는 것이 아니다. 아는 힘과 돕는 힘을 가진 사람은 진정한 기쁨과 충만을 맛보게 된다. 내가 부모와 형제를 도우며 친구와 이웃을 돕는 기쁨이 될 때 그 기쁨은 내게 배가 되어 돌아오는 충만한 기쁨이 된다.

🌱 학습은
   희망이다.

요즘 들어 우리 주변에서는 희망이 없다는 이야기를 자주 한다. 성인들은 경기가 어려워져 앞으로 어떻게 살아야 할까, 라는 고민과 학생들은 나름 학교교육 이외에도 사교육으로 찌들어가고 있다. 그러면서도 우리나라에서는 고등학교 졸업 정원보다 대학의 입학 정원이 너무 많아져 지금의 대학 중에서 40%는 문을 닫아야 할 형편이 되었다. 대학을 졸업하고도 정규직원으로 취업하는 데는 어려운 난관들이 많다. 경력직을 선호하는 대기업으로 인하여 취업재수생이 늘고 있으며, 실질적인 취업률도 20%를 밑돈다는 연구 사례도 나타났다. 이처럼 우리의 자녀에게 한국의 교육 시장이나 취업시장은 긍정적인 면보다는 부정적인 측면으로 인식되어 있다. 희망이 없는 것이다.

희망이 없는 것은 공부를 너무 취업이나 진학이라는 것에 국한하여 세상을 보기 때문에 시련이 커지는 것으로 생각한다. 그러나 평생직장보다는 평생직업을 구해야 한다는 생각으로 공부의 목표를 원대하게 잡는다면 우리가 학습을 만나는 것은 희망이 될 수 있다.

S씨는 40대 후반으로 4년간 남편의 외국 출장을 따라나갔었다. 외국의 생활을 정리하고 신도시에 뿌리를 내렸을 때만 해도 아무런 연고도 없는 그에게 이 동네는 황량한 곳이었다. 마땅히 친하게 지내는 친구도 없던 S씨는 더욱 고독하였다. 그러다 우연히 앞집에 사는 새댁이 평생교육원을 다니면서 그전에는 보지 못하던 즐거움과 기뻐하는 모습을 보고 도대체 공부가 뭐가 좋아서 그 사람을 변화시켰는지 매우 궁금하였다. 그러다 S씨는 새댁에게서 평생교육원에 같이 다녀보지 않겠느냐는 제안을 받는다. 그러나 S씨는 두려웠다. 고등학교 이후 약 20여 년을 배움과 담을 쌓았던 S씨가 무엇을 배워야 한다는 것은 상당한 부담이었기 때문이다. 그러나 아는 사람 하나 없는 신도시에서 사람이라도 사귀어야겠다는 생각으로 용기를 내었다. 그렇게 우연히 시작한 학습과의 인연은 그의 절망적인 삶에 희망을 주었다.

첫 수업이 시작되어 처음 등교하는 S씨는 꼭 꿈 많던 여고 시절로 돌아간 듯 즐거운 마음으로 참여하게 되었다. 수많은 학생을 보면서 늦은 나이에 배운다는 것이 쑥스럽기도 하였지만 학생들과 같이 공부할 기회가 열렸다는 것이 한편으로는 마음을 설레이게 하였다. 그런데 가르치는 선생과의 첫 만남에서 그도 자신과 같은 수강생으로 이 공부를 하고 강사가 되었다는 이야기와 자신도 꿈을 갖고 열심히 하면 강사가 될 수 있다는 사실을 알게 되었다. S씨 인생에서 새로운 희망을 만난 것이다. 그는 희망을 품고 열심히 배워 그 평생교육원에서 강사가 되는 희망을 실현해 행복한 나날을 보내고 있다.

내가 아직 직접 경험하지 못한 세계를 학습이라는 간접 경험을 통해 만난다는 것은 나를 깨우는 희망이다. 내가 만난 지식을 통해 다시 나를 조명해 보고 사회 속에서 나의 능력이 신장하는 것을 보는 순간 나는 희망을 보는 것이다.

희망이란 깊은 절망 속에서도 희망을 꿈꾸는 사람에게만 보이는 선물이라고 한다. 희망이란 이처럼 지금은 보이지 않지만 항상 우리 주위에 있을지도 모른다. 우리가 희망을 보려는 노력을 하지 않는다면 희망은 우리 주변에 있어도 눈에 띄지 않는다. 그러나 학습으로 세상에 눈을 뜰 때 비로소 희망은 우리 곁으로 다가오게 된다. 학습으로 희망을 꿈꾸는 여러분이 되길 바란다.

🌱 학습은 기쁨이다.

가끔 우리가 하고 싶은 일을 어떻게 해야 할지 몰라 하지 못할 때, 그때의 답답함은 말로 표현할 수가 없다. 예전에 미국을 여행한 적이 있다. 그때 나는 미국의 밤거리에서 호텔로 돌아가는 길을 잃은 적이 있었다. 호텔 이름만 알았지 가는 길을 어찌 가야 하는지 몰라 정말 난감하였다. 영어를 잘 못했기 때문에 가는 길을 물어보지 못해 밤새 호텔을 찾기 위해 거리를 헤매었다. 호텔을 중심으로 빙빙 돌다 새벽이 되어서야 겨우 찾아냈다. 나는 그때 왜 학창 시절에 영어공부를 하지 않았는가를 정말 많이 후회했다. 간단하게 길을 묻는 회화만이라도 준비를 하였다면 나는 낯선 밤거리를 그렇게 헤매지 않아도 되었을 것이다. 이처럼 지식을 모르는 것은 밤새 거리를 목적도 없이 헤매는 것과 같다.

평생교육 관련 일을 하면서 나이 많은 분들이 한글교육을 받는 졸업식장을 방문한 적이 있다. 졸업생들은 글을 깨우치면서 신문을 읽게 되어 광명을 얻은 것 같다는 분도 있었고, 손자에게 편지를 쓸 수 있어서 할머니로서 인정받는 것 같아 기쁘다는 분, 책을 읽을 줄 알게 되어 평생의 소원을 달성하게 되었다는 분 등 다양한 소감을 피력하였다. 이들의 공통점은 하나같이 글을 알게 되어서 기쁘다는 것이다.

우리는 나이 드신 분들이 한글을 깨우쳤을 때 느낀 행복감 정도는 아니더라도 지금까지는 모르던 사실을 새롭게 깨우치는 기쁨을 누구든 느껴보았을 것이다. 그런 깨우침으로 인해 산만하기만 하던 지식과 주위의 사물이 질서를 잡아가면서 느끼게 되는 뿌듯한 감정은 말로 표현할 수 없을 정도였을 것이다. 이처럼 공부도 제대로만 하면 재미있다는 것을 명심해야 한다. 공부란 자기 자신의 욕망을 절제하는 기술일 뿐 아니라, 새로운 것을 배우는 기쁨을 만끽할 수 있는 것도 바로 공부를 통해서만이 가능한 것이다.

L씨는 60대 후반으로 20년간 9개의 학위를 받아 유명해진 분이다. L씨의 공부에 대한 새로운 도전은 마흔이 훌쩍 넘어 방송통신대학교 농학과 3학년에 편입하면서 시작됐다. 그 이후 지금까지 20여 년간 그는 줄곧 대학생 신분이었다. L씨는 그동안 방송통신대학교에서 농학과, 국문학과, 행정학과, 법학과, 경제학과, 교육과, 경영학과, 환경보건학과까지 졸업해 8개 학과를 졸업하였고, 고려대 심리학과 학위까지 합하면 모두 9개를 취득한 셈이다. 방송통신대학교는 들어가기는 쉬울지 몰라도 졸업하기는 쉽지 않다는 평을 듣고 있다. 그는 직장에 다니면서도 자기 계발을 게을리하지 않고 9개의 학위를 취득하여 방송통신대학교에서 L씨에게 '최다 학위 평생학습상'을 수여하였다.

그는 "덕분에 34년 동안 노동부 공무원을 하면서 기업체 인사들과의 대화에서도 전혀 밀리지 않고 오히려 당당할 수 있었다"고 소감을 밝혔다. L씨는 2002년 한국장애인고용촉진공단 부산장애인직업전문학교 원장을 끝으로 정년 퇴임했다.

이 같은 이력 때문에 '직업이 대학생'이란 말도 듣지만 L씨는 괘념치 않고 오히려 "지식이 없으면 살아남을 수 없다"며 평생학습 사회의 신봉자임을 자처한다. 그는 "나이든 사람이 공부하지 않으면 젊은 사람에게 자리를 내줘야 한다"면서 "평생직장 개념이 사라진 평생학습 사회에서 살아남는 길은 공부밖에 없다."라는 것이다. L씨는 "산에 오르는 자만이 산의 정상에 오른 맛을 알 수 있듯이 배움의 기쁨을 알기 때문에 평생 그 기쁨을 누리려고 하다 보니 이런 기록을 세우게 됐다"고 말했다. 석·박사학위 도전에 대해서는 깊이 공부하는 것은 학자들의 몫이라고 겸손해하면서도 "직장이나 사회에서 자기 자리를 지키기 위해서도 공부는 필요하다.” 라고 말했다.

'공부도 여가 선용의 하나'로 여겨온 L씨는 아침·저녁 틈새 시간을 활용했으며 손때가 묻은 250여 권에 달하는 방송대 교재는 '재산목록 1호'로 꼽을 정도로 그에겐 소중한 자산이다.

L씨는 이미 9개의 학위를 가지고 있지만 기쁨을 계속 누리기 위하여 다시 무역학과 3학년생이 되었으며, 앞으로도 중국어나 문화교양학 등을 계속 공부할 계획으로 있어 도전은 계속되고 있다.

세상의 어떤 일을 계속한다고 해서 지속적으로 행복을 주는 일이 어디 있는가? 그러나 이처럼 학습은 끊임없는 기쁨을 준다. 만약 내가 모르는 것을 알았을 때, 또는 내가 알고 싶은 것을 알았을 때의 기쁨과 그 성취감을 못 느꼈다면 자기반성을 꼭 해보기 바란다. 그것은 아마도 알고 싶어 했던 것이 그만큼 절실하지 않았기 때문일 지도 모른다.

🌱 학습은 즐거움이다.

공부는 즐거움이다. 직장 다닐 때는 공부를 해 본 적이 없다. 술 마실 시간은 늘 있었지만 책을 읽기엔 마음의 여유가 필요했다. 들판을 떠도는 유목민처럼, 흐르다 굽이치는 강물처럼, 지금껏 이토록 즐겁게 공부했던 때가 없다. 대학이나 대학원 시절보다 좋은 건 시험이 없다는 점이고, 그때 읽었던 책들과의 반가운 조우의 시간이기도 하다. 책도 나도 이제 서로를 조금 더 가까이에서 만날 수 있게 됐고, 앞으로 조금씩 서로에 대해 더 깊이 알고 이해하게 될 것이다. 좋아하는 책을 밤새워 읽기 위해선, 직장인이었을 땐 다음날의 고통과 스트레스를 담보해야 했지만 지금은 튼튼한 체력과 집중력만이 필요할 뿐이다. 오후 서너 시까지 도서관에서 공부를 하고, 집에 돌아와 저녁노을과 밤공기를 벗 삼아 일을 한다. 때때로 고된 노동이 되는 건, "공부의 즐거움"을 만끽하는 여정의 간헐적 쉼표이며, 여행지로 향하는 도중에 만나는 간이역이라고 생각하면 즐겁다.

비 내리는 봄밤은 흔한 일이건만 오늘, 비 내리는 봄밤은 왜 이리 낯설고 설레나. 공부가 즐거운 건 역시 희망 때문인가 보다. 그 희망 때문에 비 오는 4월 밤이 이리도 설레나 보다.

공부가 재미있는 사람이 어디 있겠느냐는 말이 있다.

하지만 공부가 재미있는 사람은 생각 외로 많다. 어쩌면 인류의 역사가 퇴보하지 않고 끊임없이 진보해 올 수 있었던 건 수많은 밤을 지새우며 공부하고 연구했던 사람들이 있었기 때문일 것이다. 역사의 거대한 흐름은 물론 대중이 이루어냈지만 그 흐름을 이끈 작은 물줄기는 항상 소수의 선각자였다.

지금도 마찬가지고 중고등학교 때도 엄청난 시험에 치여 살아왔다. 물론 시험을 위한 공부는 짜증이 난다. 하지만 무언가를 알아가는 공부 자체는 언제나 즐거웠다. 아주 꼬맹이 때부터 역사나 과학을 좋아했던 내게 중학교 1학년 사회시간이나 과학시간만큼 즐거웠던 기억은 또 없다. '아는 즐거움'에 푹 빠져 "사회선생님이 혹시 너희 엄마 아니냐"는 농담까지 들어가며 즐거운 중학교 1학년 시절을 보냈다.

그 뒤로 중학교를 거쳐 고등학교에 와서도 공부는 늘 재미있었다. 솔직히 시험 때문이 아니더라도 수학 문제를 푸는 즐거움은 TV를 보는 것보다 컸다. 지금 생각해 보면 다양한 분야의 학문을 한꺼번에 배울 수 있었던 시절은 그때뿐이었다. 지금도 인정하지만 그 당시에 배운 다양한 분야의 지식은 아직까지도 유용하다.

그렇다고 해도 깊이 있게 공부하는 즐거움, 학문의 참맛을 깨닫게 된 건 대학에 와서다. 난 어릴 적부터 대학에 정말 가고 싶었다. 성적이 되니까 가는 대학이 아니라 어려서부터 세상 그 어떤 것보다 컸던 '아는 즐거움'을 실현해 줄 '기회의 땅' 대학에 가고 싶었다. 그리고 대학은 내게 충분히 그 가치를 증명해 주고 있다. 대학에 와서 다양한 분야의 학문을 접하고 여러 책을 통해 스스로 공부해 가면서 행복한 포만감을 느낀다. 아직 공부할 것도 많고 배워야 할 것도 많지만 그건 부담감이 아니라 맛있는 음식이 가득 차려진 테이블 앞에서 느끼는 유쾌한 고민일 뿐이다.

🌱 학습은 힘이다.

능력(能力)은 어떤 일을 해낼 수 있는 힘을 의미한다. 우리가 어떤 일을 해결할 때, 육체적인 힘보다는 자신이 알고 있는 지식의 힘으로 해결하는 경우가

많다. 공부하기 전의 우리는 무지하므로 세상을 살아갈 능력이 없다고도 할
수 있다.

공부는 인류의 처음부터 현재까지의 생존능력을 주었으며, 그리고 한 개
인이 태어나면서부터 죽을 때까지 능력을 준다. 태어나기 전부터 좋은 자녀
가 태어나길 바라는 부모에 의하여 태아의 의지와는 무관하게 태아교육을
받고 태어난 사람들이 많다. 많은 연구 결과 부모의 태아교육이 자녀의 성
장에 안정적이며 취미나 지능에도 관여한다는 발표를 하고 있다. 결국 태아
교육은 자녀가 험난한 사회를 잘 견딜 수 있는 생존능력을 주기 위한 사전
교육이라 할 수 있다.

그러나 부모의 몸을 떠나는 순간부터 인간은 나약한 자연적인 존재가 된
다. 이러한 상황에서 영아는 살아남기 위하여 먹고, 자고, 부모에게 의사를
표현하는 것을 스스로 익힌다. 영아들은 자신의 의사 표현에 따라 부모가
어떻게 반응하는지를 스스로 알게 된다. 그러다 보면 자신이 무엇을 요구하
는지 알도록 부모에게 의사 표현하는 방법을 스스로 배우게 된다. 영아기를
마치고 유아기가 되면 부모로부터 사회생활을 영위하기 위한 의사를 행동
으로 언어 표현하는 방법을 배우게 된다. 학교에서는 돈을 버는 직장을 갖
고 사회에서 살아나가는 방법을 배워나간다. 졸업 후에는 자신이 선택한 사
회에 적응하기 위한 교육을 받으며 그 사회의 문화를 습득해 나간다.

역사적으로 원시시대의 인류는 먹고사는 생존문제를 해결하기 위해 끊임
없이 사냥하는 방법과 채집하는 방법, 농사짓는 방법 등의 생존방법을 배웠
다. 때로는 힘센 맹수나 적으로부터 살아남기 위한 공부를 하였다. 고대에
는 부족한 자원을 위하여 영토를 넓히는 노력으로 전투방법과 생존방법을
배웠다. 중세에 들어서는 지역적 상황에 따라 다르지만 본질적 내용에서는

똑같이 고통을 감내해서 생존력을 높이는 교육으로 이어져 내려왔다. 현대에는 급변하는 지식이나 사회 제도 속에서 생존하기 위해서 교육을 받고 있다. 미래에는 사회가 더욱 불투명하기 때문에 더욱 높은 생존능력을 요구한다. 따라서 우리는 공부를 해야만 하게 되었다. 공부를 통해서 어떤 일이든 해결해나갈 힘을 얻게 된다. 그것이 바로 능력이다.

능력은 세계의 역사를 변화시키는 고차원적인 능력부터 새롭게 구입한 전자제품을 사용하는 초보적인 능력까지 다양하다. 여러분은 새롭게 구입한 전자제품의 사용법을 몰라서 한참 곤란을 겪거나 제대로 모든 기능을 사용하지 못하고 산 적이 있을 것이다. 공부는 이처럼 아주 간단한 능력부터 고차원적으로 자신의 직업에 관련된 문제를 해결하는 능력까지 알려준다.

공부를 무엇이든 해나갈 수 있는 능력을 배우는 것으로 받아들인다면 우리는 교육을 통해 불가능 없이 어떤 일이든 해결할 수 있다. 그러나 실제로는 공부를 능력을 갖추기 위하여 전략적으로 하는 것이 아니라 그저 어쩔 수 없이 하는 것으로 생각하기 때문에 이상과 현실 사이에 상당한 차이가 있는 것이다. 그래서 오랫동안 교육을 받았어도 할 수 있는 것이 아무 것도 없는 사람도 있다.

공부를 축구에 비유한다면 평소 우리는 머리를 쉬기 위해, 건강한 육체를 만들기 위해 축구를 하기 때문에 굳이 축구에 대해 신경 쓰지 않지만, 축구를 업으로 살아가는 사람이라면 열심히 축구에 대하여 공부를 해야 한다. 그래야만 축구로 먹고살 수 있는 능력이 생긴다. 같은 공부를 하고 나서도 어떤 사람은 능력을 갖추고 어떤 사람은 능력을 갖추지 못하는 것은 바로 인식의 차이 때문이다. 막연하게 공부를 책에 있는 내용이나 기억하는 것으로 생각하면 공부가 재미가 없고, 공부를 왜 해야 하는지 실감하지 못한다. 그러나 공부를 우리가 세상을 살아가는 데 생기는 다양한 문제를 해결하기 위한 능력을 키우기 위한 필수적인 것이라고 인식한다면 우리가 밥을 매일 먹어도 질리지 않고 먹는 것처럼 공부도 즐겁게 할 수 있을 것이다.

🌱 세상은 배운만큼 보인다.

흔히 사람들은 공부를 생각하면 경쟁을 떠올린다. 남을 이겨야 내가 원하는 점수를 얻고, 남을 이겨야 대학에 진학할 수 있다고 생각한다. 흔히들 입시 체제가 우리의 경쟁을 조장한다고 주장한다. 물론 대학은 우리의 중간 목표이며, 대학에 입학할 수 있는 수가 한정되어 있기 때문에 남보다 점수가 높아야 대학에 진학할 수 있고 이런 면에서 입시가 경쟁을 조장한다는 점을 부인할 수는 없다.

이러한 경쟁이 나만 잘 먹고 잘 살면 된다는 생각을 키우고 남들이 잘되면 배가 아프게 하는지도 모른다. 그러나 이것은 인생을 너무 근시안적으로 생각하는 것이다. 우리는 과거에 "학교에서의 우등생이 사회에서는 열등생이다." 라는 표현을 많이 하였다. 그러나 필자는 이 말을 어느 정도는 인정을 하지만 인정을 못 하는 부분이 있다. 그것은 학교의 우등생은 최소한 공부를 잘했기 때문에 공무원과 같이 큰 대우를 받지는 못하지만 안정된 직장을 다니는 반면에 공부를 못해서 대학에 진학하지 못한 친구들은 사회에 일찍 진출해서 사업으로 돈을 많이 벌었기에 우스갯소리로 한 것이다. 돈으로

만 성공한 것으로 생각했던 한 시대의 씁쓸한 비유였다. 그러나 이 이야기도 이미 오래된 이야기다.

요즘은 공부를 못하면 대학이야 어찌어찌 나올 수 있는 세상이 되었지만 취업이 어려운 시대가 되었다. 사업을 하려고 해도 알아야만 할 수 있고, 성공하려면 남들과 무언가 다른 차별적인 노하우를 가지고 있어야 하는 무한 경쟁의 시대에 들어온 것이다.

이제 누구나가 대학을 갈 수 있는 시점에서 결국 성공에 이르기 위해서는 공부밖에는 없다는 것이다. 단지 얼마나 정규학교에서 교육을 받았느냐가 중요한 것이 아니라 자기가 하고 있는 분야에 얼마나 전문적인 지식을 가졌느냐가 영향을 주는 시대가 온 것이다. 따라서 공부는 자기와의 부단한 경쟁 속에서 해야 하는 것이 아니라 남을 이겨야 하는 세상이 온 것이다. 자신과의 경쟁에서 이긴 학생은 어떤 것을 해도 성공할 수 있다. 그러나 자신과의 경쟁에서 이기지 못했기 때문에 동료 학생끼리의 경쟁이 최고의 경쟁인 것처럼 생각하게 된 것이다.

지금은 문화재청장이 된 유홍준 선생의 《나의 문화유산답사기》 제1권의 머리말에 이런 글이 있다. "문화재는 아는 만큼 보인다." 이 구절의 원문은 "지칙위진애 애칙위진간 간칙축지이비도축야(知則爲眞愛 愛則爲眞看 看則畜之而非徒畜也)"이다. 이는 정조 때의 문장가인 유한준이 당대의 수장가였던 김광국(金光國)의 화첩 《석농화원(石農畵苑)》에 부친 서문에서 따온 것이다. 이를 옮기면 "알면 곧 참으로 사랑하게 되고, 사랑하면 참으로 보게 되고, 볼 줄 알게 되면 모으게 되니 그것은 한갓 모으는 것은 아니다." 이다. 이 문장은 즉 "아는 만큼 보인다", "알아야 참으로 보게 된다"라는 뜻으로 보면 된다.

　여행을 가도 그렇다. 아는 만큼만 그 나라의 유적이나 문화가 보인다. 뿐만 아니라 영화를 봐도, 뮤지컬을 봐도, 책을 봐도, 사전지식이 없으면 그만큼 덜 알고 덜 느끼는 듯하다. 세상 사는 일도 그렇다. 자기가 배운 지식만큼으로만 세상을 보는 것이다. 배운 것이 없으면 배운 만큼만 세상을 본다. 적게 배운 사람은 세상을 작은 것으로만 보고, 많이 배운 사람은 세상을 넓게 본다.

　A씨와 B씨는 중학교 동창이었다. A씨는 공업고등학교 용접과에 입학하였다. 공업고등학교 용접과는 한 반밖에는 없었기 때문에 A씨는 3년간 같은 반 친구들밖에는 사귀지를 못했다. 그래서 고등학교 동창도 3년 동안 같은 반 친구들밖에는 없었다. A씨의 친구들은 주로 공장이나 중소기업에 취직하였고, 직종은 전부 용접하는 일이었다. 그래서 동창회를 가면 대화의 주제가 "어떻게 하면 용접을 정확하게 하는가?", "어떻게 하면 빨리 깨끗하게 할 수 있는가?"가 대부분이었다. 그들이 학교를 졸업한 지 20년이 지난 지금도 대화의 주제는 용접에 관련된 내용이 대부분이고 "창업을 했느냐?", "직장에서 어디까지 진급을 하였느냐?"가 대부분이다. 그러나 B씨는 인문계를 진학하여 대학교를 나왔다. 그리고 대학원을 나오고, 박사학위까지 취득하였다. 그리고도 자기계발을 다양하게 해서 다양한 자격증을 취득하였다. 그래서 B씨는 대부분 대학을 나온 동창들에 비하여 세상을 넓게 보았다. 대학만을 나온 동창들은 자기의 전공분야나 자신들의 업무에 대하여 이야기를 하였지만 B씨는 대학원에서 배운 것, 박사과정에서 배운 것, 자격증을 취득하기 위하여 공부한 지식까지 이야기하였다. B씨의 대학 동창들은 B씨의 해

박한 지식에 감탄하여 항상 B씨의 이야기 듣는 것을 즐겨한다.

　비약된 이야기 같지만 필자가 직접 경험한 내용이다. A씨와 B씨는 출발
은 같았다. 그러나 A씨는 세상을 용접하는 지식으로 먹고살기 때문에 용접
이야기밖에는 할 수 없었다. 그러나 B씨는 다양한 경험을 하였기 때문에 다
양한 세상에 대하여 이야기할 수 있다. 즉 적게 배운 사람은 세상을 작은 것
으로만 보고, 많이 배운 사람은 세상을 넓게 본다는 것을 의미한다.

　세상에는 제대로 알지도 못하고는 수박 겉핥기식의 지식으로 세상을 다
아는 듯이 평가하는 사람들이 많다. 세상은 이런 사람을 반기지 않는다. 세
상은 다양한 세상을 볼 줄 알고, 많이 아는 사람을 원한다.

우리 아이 성공하는 아이로 만들기 5

공부 잘하는 아이로 기르기 10계명

1. 자녀에게 관심을 두어라

2. 학교 교육이 시작돼도 부모 역할이 중요함을 잊지 마라

3. 초기 교육이 중요함을 명심하라

4. 학교 공부에 모든 것을 맡기지 말라

5. 공부는 자기 절제와 단련이 필요한 것임을 명심하라

6. 상식을 존중하라

7. 학교에서 배우는 내용에 충실하라

8. TV와 컴퓨터 게임은 좋은 교육에 큰 걸림돌임을 주의하라

9. 부모가 교육 체제를 변화시키는 주인공임을 자각하라

10. 목표는 높게, 기대는 많이 하라. 그러면 아이들은 성장한다.

한국교육개발원-스스로 공부하는 아이가 21세기를 지배한다.

🌱 공부를 잘하려면
   정확한 비전과 목표를
   가져야 한다.

비전(vision)이란 미래에 대한 구상 즉 꿈이나 장래 희망을 말하며, 목표는 정해진 시간과 비용이라는 제약조건 아래에서 달성하고자 하는 특정하고 측정 가능한 성취 상태를 말한다. 따라서 어떤 일을 하기 위해서는 비전과 목표가 있어야 한다.

성공은 우연히 찾아오는 것이 아니라 준비하는 사람의 것이라는 말이 있다. 성공을 기대도 하지 않는데 찾아오는 법은 없다는 말이다. 성공을 기대하지 않는 사람은 성공이 찾아와도 성공인지를 모르고 지나가는 경우가 대부분이다. 그러나 성공을 원하는 사람이 최선을 다한다면 언제든 성공은 찾아오게 마련이다. 마찬가지로 공부를 잘하는 것도 우연히 만들어지는 것이 아니라 정확한 비전과 목표를 가지고 실천적인 행동이 따라야만 모두가 원하는 멀티플레이어가 될 수 있다.

그러나 어떻게 생각하면 이 '비전과 목표를 찾는다는 것'은 정말 쉬운 일이 아니다. 비전과 목표라는 것은 누군가 나에게 쥐어주는 것일 수도 있고, 스스로 세울 수도 있다. 한 번도 비전과 목표를 어떻게 찾아야 하는지를 배워본 적이 없는 사람은 비전과 목표를 달성하는 것 이상으로, 자신의 비전과 목표를 찾는 방법을 아는 것이 쉽지 않다. 세상 경험이 적은 우리의 아이들은 더욱 그러하다. 그러므로 자녀의 비전과 목표를 세우기 위해서는 부모의 도움이 절대적으로 필요하다. 자녀의 장점과 잠재력을 찾아 부모의 경험이 포함된 비전과 목표는 의미가 있다. 그러나 부모의 일방적인 비전과 목표는 자녀에게 너무 공허하기만 하다. 비전과 목표를 좀 더 쉽게 찾기 위해서는 다음과 같은 방법을 권하고 싶다.

공부를 잘하는 자녀를 위한 비전은 현실적이어야 한다. 희망적인 단어들의 나열이라면 현실과 동떨어질 수밖에 없다. 자신이나 조직의 현실을 정확히 인식하고 미래에 대한 변화 방향을 인식하고 비전을 수립하는 것은 매우 중요하다. 예를 들면 "아이가 무엇이 되는 것이 좋을까?", "아이의 적성에는 어떤 일이 가장 잘 맞을까?", "아이가 가장 잘 알고 싶게 접근할 수 있는 일은 무엇일까?", "지금 하는 공부 방법에 비하여 좀 더 좋은 방법은 어떤 것일까?", "지금 하는 일과 어떤 일을 병행하면 더욱 효과적일까?", "미래에는 어떤 일을 하면 좋을까?" 등에 대한 충분한 사고를 통하여 자녀에게 맞는 비전을 세워야 한다.

공부를 잘하기 위하여 비전을 세웠다면 그 비전을 달성하기 위하여 어떤 종류의 노력이 얼마만큼 필요한가, 라는 정확한 목표를 세워야 한다. 정확한 목표에 들어맞는 구성 요인들을 계획하고 분석하면 그만큼 목표를 잘 달성할 수 있다. 따라서 정확한 목표를 설정하기 위해서는 "내가 행동을 취했을 때 나타나는 결과가 무엇인가?", "목표를 달성했을 때의 성과는 구체적으로 어떻게 될 것인가?", "목표 달성에 대한 구체적인 날짜와 시간은 어느 정도 필요한가?", "목표 달성에 대한 재정, 인적자원, 물적자원은 어느 정도 필요한가?" "목표 달성을 위해 투자한 자원들에 비하여 얻은 것은 얼마나 되는가?" 에 대한 고려가 있어야 한다.

🌱 전략이 있어야
가는 길이 멀지 않다.

대학생들은 전공에서 높은 학점을 얻는 것도 부족하여 토익이나 토플에서 높은 점수를 얻어야 하고 이것도 부족하여 외국으로 언어연수를 1-2년씩 다녀오는 것이 정례화되어 가고 있다. 이도 부족하여 IT 관련 자격증을 서너 개씩 따서 취업에 유리한 점수를 받고자 노력한다. 직장인들은 회사에서 치러지는 다양한 승진이나 경쟁시험에서 살아남기 위하여 직업에 대한 전문지식을 쌓아야 하며 어학시험을 준비하거나 대학원에 진학하고 있다. 이제 대학은 원하면 누구나 갈 수 있을 정도로 정원이 넘치고 있다. 학력 인플레 현상도 심해져서 대학원을 나온 사람도 많다. 한마디로 이 사회에서 직업을 갖거나 직업을 유지하기 위해서는 매일 전쟁터와 같은 세상에서 많이 배워야만 살 수 있다.

그러나 그렇게 많은 것을 준비한다고 해서 모든 사람이 다 잘되는 것은 아니다. 이런 환경의 영향으로 최근 직장인들 사이에선 치열한 경쟁에서 살아남기 위한 자기계발의 열기가 높다. 특히 자신의 경쟁력을 확보하기 위해 새벽학원에 다니는 등 많은 시간과 노력과 비용을 투자하고 있다. 그러나 자기계발의 포인트가 토익 점수 올리기 같은 무조건적인 점수 따기나 활용 여부가 불투명한 자격증 획득 등 소모적인 경우가 많은 것이 현실이다. 업무와 별 상관없는 단순한 외국어 공부나 자격증을 딴다고 해서 회사 내에서 경쟁력이 높아지는 것은 아니다. 어떤 사람은 인생을 다 바쳐 지식을 쌓기 위하여 대학도 나오고 대학원도 나오고 수많은 자격증을 따지만 직장을 유지하는 것은 차치하고 직장을 얻는 데도 실패하는 경우를 본다. 이러한 원인은 성공하는 사람이 되는 데도 전략이 있는데, 전략은 생각하지 않고 다양한 커리어만 만들었기 때문이다.

우리 말에 "구슬이 서 말이라도 잘 꿰어야 보배"라는 말이 있다. 이는 아무리 좋은 조건을 갖추고 있더라도 그것을 잘 엮는 노력이 없으면 아무런 쓸모가 없다는 뜻으로 이해하면 좋을 듯하다. 남들보다 훨씬 다양한 지식을 가지고 있으면서도 제대로 활용을 하지 못하여 어떠한 결실도 거두지 못하는 사람에 비유할 수 있다.

공부 잘하는 자녀를 만들기 위해서는 전략적으로 접근을 해야 한다. 단순한 성적의 향상인지, 아니면 대학 진학인지, 직장 취업인지에 대하여 목표를 세우고 그에 맞는 전략을 세워야 한다. 이처럼 자기가 진입하고자 하는 시장에서 공부로 성공하려면 그 시장이 정확하게 무엇을 원하는지 알고 그 시장을 공략할 수 있는 전략을 세우고 그 전략에 따라 자녀의 능력을 향상시켜 나가도록 지원해야 할 것이다.

🌱 일단 계획을 세우면
##　　반은 성공한 것이다.

계획을 세운다는 것은 내가 성공하는 사람이 되기 위하여 하루의 일과 또는 목표가 도달할 때까지의 일정을 어떻게 보낼 것인지를 미리 계획해서 적어 놓는 것을 말한다. 즉 목표를 달성하기 위하여 일일계획, 월간계획, 연간계획을 표의 형태로 만드는 것을 말한다.

계획표를 만드는 것이 귀찮아 대충 머릿속 에서 세우는 계획은 당장 그만 두는 것이 좋다. 우리는 학창시절 수많은 계획표를 만들어 보았다. 직접 그려 책상 앞에 붙여 두었던 계획표도 금방 어기는 경우가 많기 때문에 머릿속에서만 세운 계획은 금방 잃어버릴 수가 있다. 계획표를 그냥 한 장의 종이가 되지 않게 하려면 운명결정표라는 이름으로 바꾸면 어떨까? 운명결정표를 지키면 좋은 운명이 찾아오지만 운명결정표를 지키지 못하면 나쁜 운명이 찾아올 것이라는 생각을 하여 좀 더 진지하고 적극적으로 한다면 계획을 실천할 수 있을 것이다.

계획을 짤 때는 무엇보다 자기 자신을 정확히 알아야 한다. 자신의 능력을 넘는 계획은 자신을 쉽게 지치게 하고, 자신의 능력에 모자라는 계획은 나태하게 만든다. 계획은 도달하고자 하는 목표에 따라 각자 다르나 자신의 능력이나 상황에 맞게 짜야 하는데 아이들은 자신을 정확히 이해하지 못하기 때문에 부모와 같이 계획을 짜는 것이 좋다. 그리고 처음에는 적은 양부터 시작하여 차차 양을 늘려가 보자.

계획표 작성법

날짜	구분	계획	장소	방법	시간	실적	평가
1월 1일	오전	영문법 테이프 듣기	버스	테이프	30분	1번 들음	5
	오후	문학 책 읽기	식당	독서	30분	3p 읽음	4
	밤	학원 강의 듣기	학원	수강	3시간	민법 1단원	5
1월 1일	오전	회화 5개 외우기	화장실	독서	10분	3개 외움	2
	오후	과학 문제 10개 풀기	도서실	컴퓨터	0분		0
	밤	학원 강의 듣기	학원	수강	3시간	민법 2단원	5
1월 1일	오전	토익 영어 듣기	출근 보행 중	테이프	30분	2번 들음	5
	오후	스피치 책 읽기	식당	독서	30분	6p 읽음	5
	밤	학원 강의 듣기	학원	수강	3시간	민법 2단원	5

계획표는 아래의 계획표처럼 종이로 만들든지, 다이어리를 이용하든지, 컴퓨터의 바탕화면에 두고 실행하면서 틈틈이 자신의 실적에 대하여 평가하도록 해보자. 시간상으로 놀랄 만큼 깊이 있게 쓸 수 있으며, 상당한 효과를 빨리 가져올 수 있다.

계획표대로 계획이 달성되면 성취감과 자신감을 덤으로 얻을 수 있어 더욱 목표달성에 추진력이 붙고, 계획이 뒤처지면 분발해야겠다는 반성을 하게 되어 공부하는 데 당근과 채찍이 될 수 있다. 또한 계획표가 있으면 책을 보는 속도가 조금씩 빨라지고 회독 수가 늘어나게 된다.

계획을 세워서 살아보지 않은 사람은 계획을 짜도 처음에는 잘 지켜지지 않아 계획을 세우는 자체에 대해 회의적일 수 있다. 따라서 부모는 계획도 같이 짜지만 그 계획을 잘 실행할 수 있도록 지도를 해야 한다. 그리고 먼저 꿈을 이룬 선배들이 계획은 지켜지지 않아도 계획이 있다는 것만으로도 해야 한다는 필요성을 강하게 느껴 다시 도전하여 성공한 사실들을 알려주자.

🌱 성공은 시간 관리가 생명이다.

시간이란 한번 지나면 다시는 돌아오지 않는 것이므로 항상 신중히 생각하여 행동해야 한다. 우리는 시간의 중요성에 대한 말들을 주변에서도 흔히 접할 수 있다. 그 대표적인 예로, "시간은 금이다", "하루 5분이면 인생이 바뀐다", "하루하루를 우리의 마지막 날인 듯이 보내야 한다", "세월은 화살과 같이 지나간다" 등 하루하루를 의미 있게 보내라는 게 대부분이다.

시간이 소중한 것은 분명 시간이 우리 인생 중에서 가장 가치 있는 자산 중의 하나이기 때문이리라. 이렇게 소중한 자산을 최대로 활용하기 위해 우리는 미친 듯이 달려들어 '빨리빨리'를 외쳐댄다. 심지어 시간을 절약하려면 두세 가지의 일을 한꺼번에 하라는 금언까지 있다. 그러나 아직도 많은 사람은 한 번에 한 가지에만 최선을 다하라고도 한다. 그러나 안타깝게도 지금 시대는 한 가지에만 최선을 다할 시간적 여유를 주지 않는다.

혼자서 온 세상과 인연을 끊고 은거하는 생활을 할 수는 있다. 그러나 다시 사회에 돌아온다면 엄청난 문화적 충격을 감수해야 할 것이다. 또한 몇 명이 모여서 세상의 빠름을 비웃으며 살아갈 수는 있다. 그러나 그렇게 해서 그들은 느린 삶에 충족한 행복감을 느낄 수는 있을지 몰라도, 결코 세상을 장악하는 빠름을 이길 수는 없다. 그들은 빠름을 이긴 것이 아니라 그저 빠름을 피해 숨어버린 것일 뿐이기 때문이다.

세상이 복잡해질수록 개인의 역할이나 지위가 많아질수록 자신의 의사와는 상관없이 스케줄이 생기고 일이 생기게 된다. 따라서 시간 관리를 잘해야 그 많은 일을 차근차근 진행할 수 있을 것이다.

시간 관리를 잘 못하여 시간이 부족한 상태에서 성공하는 사람이 된다는 것은 실천은 하지 않고 마음만 성공하는 사람이 되기를 원하는 것이다. 그러나 지금까지 성공한 사람들을 보면 결국은 시간 관리에서 성공한 사람들이 대부분이다. 그들은 시간 관리를 통하여 남은 시간을 자신의 발전에 재투자함으로써 성공하였고 결국 시간 관리 면에서 성공한 사람이 된 것이다. 시간 관리에서 성공하는 사람이란 자신에게 주어진 시간을 자세히 분석하여 쓸모없는 곳에 시간을 낭비하지 않으며, 기존의 시간 사용 습관에 있어서도 최소한의 시간에 최대한의 효과를 보기 위하여 최대한 노력을 해 온 사람들을 말한다. 아무리 바빠도 자신의 계발을 위하여 자투리 시간을 모아서 자신의 성공을 향하여 멀티플레이어가 된 것이다. 일본 사람들을 보라. 그들은 바쁜 출퇴근길에서도 자신이 세운 소기의 목적을 달성하기 위하여 기차나 전철 안에서도 독서를 하는 것이다.

성공하는 사람이 되고자 하는 사람은 평소에도 열심히 사는 사람이다. 학생은 학교를 다니면서 자투리 시간을 모아 공부를 하고, 직장인들은 직장이 끝나는 시간부터 잠을 줄여 멀티플레이어가 되기 위하여 실천으로 옮긴다.

자기계발을 위한 시간을 내는 것에 대하여 사람들은 바쁘다는 핑계를 댄다. 그러나 역설적으로 이야기하면 바쁘다고 이야기할 수 있는 것은 그만큼 여유가 있는 것이다. 진정으로 바쁜 사람은 바쁘다는 생각을 할 수 없을 만큼 바쁘기 때문이다. 하루를 돌이켜 내가 활용할 수 있는 자투리 시간이 얼마나 많은가 생각해 보라.

버스나 전철 안에서도 공부를 하는 것이다. 연습이 되지 않은 사람은 혼란스러워서 하기 어려울지도 모른다. 그러나 재미있는 만화책이라도 보는 연습을 통해서 습관이 되면 버스나 전철 안이 나의 독서실이 된다. 손수 차를 몰고 다니는 사람은 영어 테이프나 MP3에 영어를 담아 들어 보라. 아무 생각 없이 운전하는 것보다 훨씬 효율적일 것이다.

식사를 할 때도 걸어다닐 때도 화장실 가서도 만연한 상상만 할 것이 아니라 자투리 시간을 어떻게 활용하면 좋을지를 고민해보라. 그리고 자리에 앉기만 하면 바로 공부를 해보라. 이미 무엇을 얼마나 할지를 생각하였기 때문에 오직 밀도 높은 공부를 할 수 있다. 그럼 하루 24시간이 길다는 생각과 함께 시간이 남아돌아 갈 것이다.

　혼자서 공부하는 것이 어려운 경우는 학원 수강을 해보라. 그리고 진도를 따라가면서 자신을 계발하기 위하여 노력해보라. 그럼 아무것도 하지 않았던 때보다 훨씬 많은 것을 얻게 될 것이다.

🌱 반복만큼 좋은 공부 방법은 없다.

아무리 공부를 잘하게 하는 비결을 제시한 책을 모든 사람이 보고 따라 한다고 해도 1등과 꼴찌는 존재한다. 그러한 책이 아무리 나와도 결국엔 반복밖에 없다. 필자도 20여 년간 학생과 성인을 대상으로 강의를 하고 있지만 예습·복습을 통한 반복만큼 좋은 공부 방법은 없다.

　필자가 서울대를 20-30명씩 보내는 명문 고등학교에 근무했을 때 공부를 잘하는 학생들의 특징을 보면 예습·복습을 철저히 하였다. 요즘도 수석을 차지한 학생들이 매스컴과 인터뷰를 할 때 보면 자기들은 특별히 시간을 내서 공부를 하지 않고 잠도 충분히 잤다는 것이다. 그러나 예습·복습만큼은 열심히 했다는 이야기를 하였다. 필자는 충분히 설득력 있는 이야기라고 생각한다.

　필자의 경험으로도 명문 학교 학생들은 수업이 이루어지기 전에 먼저 그날 배울 내용을 미리 예습하고 오는 것이었다. 수업 내용을 미리 읽어 보고 온 학생들은 필자가 말하는 것을 쉽게 인지하여 이해가 빨랐다. 그러니 진도를 쭉쭉 뽑을 수가 있었다. 수업이 끝나고서는 학생들은 조용히 책상에 앉아서 전 시간에 배운 내용을 다시 한 번 읽어 보는 것이었다. 그리고 남은 시간이나 저녁 자율학습 시간에는 부족한 과목을 집중적으로 공부하였다. 시험을 앞두고는 예상문제집을 충분히 풀어 자신의 부족한 부분을 찾아내어 보충하다 보니 시험을 잘 볼 수밖에 없었다. 필자도 학생들의 공부 방법을 보고 자격증을 따기 위하여 학원을 다니며 공부를 할 때 이 방법을 사용해 보았다. 학원 가는 시간에 버스를 타고 가면서 버스 안에서 그날 배울 내용을 읽어보고 수업이 끝난 후에 바로 오지 않고 강의실에서 배운 내용을 정리한 후 시험 보기 1주일 전 정도에 모의고사로 부족한 부분을 풀다 보니 합격률도 높아졌을 뿐만 아니라 시간상으로도 대폭적인 절약이 이루어졌다.

자녀와 관계를 좋게 하는 대화 방법.

아이들의 가장 큰 문제는 대화의 단절에서 비롯된다. 부모들이 바쁘다는 이유로 대화가 단절되면 어느새 아이들은 몸만 집에 있고 마음은 항상 밖에 있다. 그러다 보면 아이들은 자기만의 세상을 가지게 되고 문제아로 전락하게 되는 경우가 많다. 다시 돌이키려면 쉽지가 않다. 너무 오랫동안 멀어져 있었기 때문이다. 따라서 대화만 계속 유지된다면 최소한 아이들을 문제아에서 벗어나게 할 수 있다. 그러나 대화를 하기 위해서 아이들을 불러 앉히면 막상 어떤 대화를 해야 할지 어색할 때가 많다. 따라서 아이들과 좋은 관계를 유지하기 위해서는 자녀와의 대화 방법에 익숙해져야 한다.

자녀와의 대화 방법에 익숙해지기 위해서는 우선 청소년기의 발달 특성을 잘 이해하는 것이 매우 중요하다. 청소년기는 부모로부터 심리적으로 독립하고 자신의 자아정체감을 형성하려는 시기이기 때문에 부모의 충고나 조언을 부모의 일방적인 지시나 간섭으로 받아들이기 쉽다. 그러므로 청소년 자녀와 대화를 할 때는 청소년기의 발달 특성을 충분히 이해하고 대화를 나누어야 한다. 더욱이 공부에 재미를 느끼지 못하는 자녀에게 학습증진을 위한 지침을 사용할 때는 특히 더 신중해야 한다. 아이들과 좋은 관계를 맺을 수 있는 대화 방법에는 다음과 같은 것이 있다.

아이가 흥미로워하는 주제로 가벼운 대화를 시작하고 많이 들어준다.

자녀가 게임을 좋아한다면 게임에 관해 이야기하면 아이들은 근엄한 부모와 대화를 시작할 수 있을 것이다. 대화를 할 때는 부모가 일방적으로 이끌어 가는 것보다는 자녀의 이야기를 적극적으로 들어주는 청취자가 되어야 한다. 아이가 말하는 것을 열심히 들어주면 아이들은 신나서 이야기하게 되고 부모는 그것에 관심이 있음을 표시하거나 알려주면 대화가 길어진다.

부모의 판단을 유보하고 자녀의 의견을 많이 들을 수 있는 질문을 한다.

질문에는 두 가지 방식이 있다. 하나는 폐쇄형 질문이고 하나는 개방형 질문이다. 폐쇄형 질문은 "밥 먹었니?", "이것 좋아하니?" 등 '예'나 '아니오'만으로 답하게 만드는 것을 말한다. 반면에 개방형 질문은 "너는 …에 대해서 어떻게 생각하니?", "너는 …에 대해서 어떻게 느끼니?" 등과 같이 아이

가 자유롭게 이야기할 수 있는 질문을 말한다. 자녀의 의견을 많이 들으려
면 개방형 질문으로 물어보는 것이 좋다.

아이의 생각과 느낌을 존중해 준다.

자녀와 대화를 할 때는 아이의 얼굴을 보면서 말하고 아이의 말에 대하여 말
이나 신체언어, 표정 등으로 아이의 말을 존중하고 있다는 것을 표현해야 한
다. 그리고 아이가 말하는 것에 대해 좀 더 세부적으로 물어봄으로써 흥미
를 표현하면 좋다. 예를 들어 "…에 대해서 좀 더 말해 주겠니?", "…이 어떤
의미인지 좀 설명해 줄 수 있겠니?" 등의 질문은 부모가 아이의 이야기에 관
심이 있음을 전달해 준다.

칭찬의 힘은 크다.

칭찬은 고래도 춤을 추게 한다. 그러나 막연하고 통상적인 칭찬은 아이들에
게 부정적인 생각만 하게 한다. "우리 아들은 역시 잘해", "우리 아이는 착
해" 이런 통상적인 칭찬보다는 "너는 이번 주에 수학숙제를 모두 마쳤더구
나", "너는 받아쓰기시험을 위해 정말 열심히 공부했나 보구나. 훌륭해!",
"말하지 않았는데도 오늘밤 숙제를 다 했구나. 대견스럽게 네 일을 잘 해내
는데!" 등의 구체적인 칭찬은 아이에게 상당한 힘이 된다.

긍정적인 사고를 갖도록 한다.

아이가 자신의 솔직한 느낌을 표현하도록 격려한다. 부모는 아이가 긍정적
이거나 부정적인 말을 모두 할 수 있도록 허락해 주면 아이들은 자신의 감정
에 대하여 솔직하게 표현하게 된다. 괜히 아이의 부정적인 생각에 대하여

 공부하는 부모가 공부 잘하는 자녀를 만든다

"…에 대해서 나쁘게 느껴서는 안 된다" 혹은 "너 자신에 대해서 부정적으로 생각하지 말아라"와 같은 부모의 생각을 강요하는 것은 하지 않는 것이 좋다. 부모의 강요는 결국 아이들이 부모와 이야기할 때는 해서는 안 되는 이야기가 있다는 생각에 말을 줄게 하는 요인이 된다. 다만 아이가 스스로에 대해 부정적으로 생각할 때 긍정적인 면도 있다는 것을 함께 찾아보고 격려해 주어야 한다. "나는 …을 이해한다", "나는 네가 어떻게 느끼는지를 알 것 같다", "나는 네가 …다고 믿는다" 등과 같은 말은 아이가 진정으로 이해받고 있다는 느낌을 가지게 한다. 그리고 긍정적인 생각에 대해서는 그것이 바른 생각이라는 긍정적인 격려를 해주는 것이 좋다.

아이의 말을 끝까지 참을성 있게 들어준다.

부모는 인생을 오래 살았기 때문에 미래를 예측하기가 쉽다. 그래서 아이들의 단편적인 행동에 대하여 쉽게 결론을 이야기할 때가 많다. 그러다 보면 아이들은 자기의 단점을 들킨 것처럼 부모 앞에만 서면 들키지 않으려고 노력하게 된다. 또한 대화를 나눌 때도 아이의 말을 가로막고 결론을 제시하는 말투도 아이들이 더 말하려는 의지를 꺾기 쉽다. 다 아는 내용, 결과가 뻔한 이야기이지만 참을성 있게 들어줄 때 아이들은 부모를 친구처럼 생각하여 솔직한 감정을 이야기한다.

우리 아이 공부 잘하는 아이로 만드는 방법.

많은 부모는 자녀의 학습을 증진시키기 위해서 다양한 방법을 적용해 보았을 것이다. 좋다는 학습법에 관련된 책을 읽고 그 방법대로 공부하라고 주문하기도 하고, 성공한 사람을 예로 들면서 따라하라고도 하고, 부모가 철저히 통제를 하기도 하고, 좋은 학원에 보내기도 하고. 이런 방법으로 어떤 부모는 성공적으로 공부 잘하는 자녀로 만들기도 하고, 어떤 부모는 실패를 경험하기도 하였을 것이다. 자녀의 학습을 증진시키기 위해서는 우선 부모와 자녀의 관계가 원만해야 한다. 부모와 자녀 간에 갈등이 있다면 부모가 아무리 좋은 방법을 사용하더라도 아이들이 반항을 하고 말을 듣지 않게 마련이다. 공부를 잘하게 하려면 우선 아이 스스로 공부를 잘하고자 하는 마음가짐을 갖게 하는 것이 필수다.

지나친 기대는 부담만 준다.

아이의 수준을 먼저 정확히 알아야 한다. 우리 아이의 수준이 어느 정도인지를 알아야 기대를 할 수 있다. 아이에게 부모의 기대를 말해 주되 아이가 달성할 수 있을 만큼만 기대를 해야 한다. 아이의 수준을 넘는 기대는 부담만 될 뿐이다. 부모가 공부에 대해서 어떤 기대를 하게 되면 자녀에게 분명하게 알리는 것은 중요하다. 부모의 기대에 아이가 동의한다면 문제가 없지만 동의하지 않는다면 기대 수준을 낮추어야 한다. 만일 서로 다른 입장을 고수하여 아이에게서 잘못된 결과가 나오게 되면 부모의 기대 수준이 높았음을 탓하게 된다.

결과에 있어서 기대를 달성하면 기뻐하고 내려갔을 때는 실망하는 것을 자제하고 일관적으로 자녀를 지지하고 격려하도록 해야 한다. 만약 기대를 달성하게 된다면 아이의 노력에 대한 결과를 치하하고 더욱 격려해주는 것이 좋다. 예를 들면 "나는 네가 해낼 수 있다고 생각했다. 정말 열심히 해줘서 아빠는 네가 너무나 대견스럽다.", "이번에도 아빠는 대만족이야. 그러나 다음에는 조금만 더 열심히 해봐! 아주 좋은 결과가 나올 것 같아"와 같이 노력을 치하하고 더욱 발전하기를 기원하는 것이 좋다. 그러나 바라는 만큼 이루어지지 않았을 때는 혼을 내기보다는 실망을 극복할 수 있도록 도와주어야 한다. 예를 들어 "이번에는 열심히 했는데도 결과는 좋지 않았구나. 이유가 무엇 때문인 것 같니?", "실수를 많이 했나 보구나. 다음에는 좀 더 침착하게 한번 해봐!"와 같이 실망을 극복할 수 있도록 도와주어야 한다.

부모가 아닌 친구처럼 격려해 준다.

부모가 부모 입장에서만 이야기하면 아이는 "부모는 매일 그런 말만 해"라고 생각하면서 자신이 살던 방식대로 살게 된다. 그러나 부모가 아닌 친구처럼 이야기하면 아이는 부모를 편한 상대로 인식하여 부담을 갖지 않고 공부를 하게 된다. 부모는 좋은 친구처럼 "공부 열심히 해"라는 말보다는 "나는 네가 해낼 수 있을 것으로 믿는다"는 등의 표현으로 지지와 격려를 보내주는 것이 좋다. 만일 아이가 열심히 노력하고 있는데도 불구하고 성적에 변화가 없다면 무슨 문제인지 함께 논의하고 조언을 해주는 것이 좋다. 그러나 문제를 해결하는 과정에서 부모의 의사대로 주도하는 것은 좋지 않다.

노력하는 만큼 성과를 얻게 된다는 것을 깨닫게 한다.

때로는 아이들이 열심히 공부하는 노력을 기울이기보다는 기적의 힘을 빌려서 성적이 올라가기를 바라기도 한다. 그래서 조금만 공부해도 거기서 다 나올지도 모른다는 착각을 하는 경우가 있다. 이는 아이가 노력해야만 좋은 결과를 얻게 된다는 것을 미처 깨닫지 못했기 때문이다. 그러므로 좋은 성적은 오직 열심히 노력해야만 된다는 것을 수시로 알려주어야 한다.

계획표는 같이 짜도록 한다.

아이에게 계획표를 짜라고 하면 자신의 수준에서밖에는 짜지 못한다. 그러면 결과는 지금과 크게 달라지지 않는다. 따라서 계획표를 짤 때는 부모와 같이 짜는 것이 좋다. 시간사용 계획이라든지, 공부 요령이라든지, 공부 순서라든지 이런 것들을 어떻게 계획해야 효과가 있는지를 알려주어야 한다. 계획을 함께 세우고 의사결정을 내렸다면 부모는 아이가 실천에 옮기도록 격려하고 챙겨주어야 한다. 처음에는 아이가 계획표대로 생활을 해나가기가 어려울 것이다. 그럴 때일수록 너무 나무라지 말고 친구처럼 챙겨주고 확인하면서 잘한 부분에 대해서는 칭찬과 격려를 해주어야 한다.

적당한 보상은 동기를 극대화한다.

아이에게 결과에 대하여 처벌이나 벌칙을 미리 정해 놓으면 아이는 공부를 하는 동안 하고 싶어서가 아니라 억지로 해야 한다는 생각을 하기 때문에 공부가 부담스러울 수밖에 없다. 아이는 그 난관만 해결되면 다시 공부를 하지 않게 된다. 따라서 스스로 공부를 해야겠다는 생각을 습관으로 굳히기 위해서는 좋은 결과가 나오면 그에 대한 긍정적인 보상을 약속하는 것이 좋

우리 아이에게 무엇을 남겨 줄 것인가

6

1. 10분 더 공부하면 배우자의 얼굴이 바뀐다.

2. 지금 이 순간에도 적들의 책장은 넘어가고 있다.

3. 행복은 성적순이 아니지만 성공은 성적순이다.

4. 최선은 나를 절대 배반하지 않는다.

5. 닭대가리보다는 소꼬리가 낫다.

6. 10분 뒤와 10년 후를 동시에 생각하라.

7. 신은 잊어라, 그는 영원히 방관자일 뿐이다

8. 오늘 걷지 않으면 내일은 뛰어야 한다.

9. 지금 흘린 침은 내일 흘릴 눈물이 된다.

10. 눈이 감기는가? 그럼 미래를 향한 눈도 감긴다.

11. 피할 수 없다면 즐겨라.

12. 남보다 더 일찍 더 부지런히 노력해야 성공을 맛볼 수 있다.

13. 대학 가서 미팅 할래!, 공장 가서 미싱 할래!

14. 공부의 처음은 학교 수업이고 끝은 독학이다.

15. 젊었을 때 열심히 배우지 않으면 늙어서 후회한다.

16. 승리는 가장 끈기있는 사람에게로 돌아간다.

17. 가장 위대한 일은 남들이 자고 있을 때 이루어진다.

18. 잠을 자면 꿈을 꾸지만 공부를 하면 꿈을 이룬다.

19. 포기하지 마라. 저 모퉁이만 돌면 희망이란 녀석이 기다리고 있을지도 모른다.

20. 공부할 때 고통은 잠시 뿐이지만 못 배운 고통은 평생이다.

21. 꿈이 없는 십대는 틀린 문장의 마침표와 같다.

22. 실패는 용서해도 포기는 용서 못한다.

23. 개같이 공부해서 정승같이 놀자.

24. 최고보다는 최선을.

25. 공부를 하려고 하지 말고 공부를 이겨 버려라.

26. 꿈이 바로 앞에 있는데, 당신은 왜 팔을 뻗지 않는가?

27. 인간의 정신과 육체는 쓰면 쓸수록 강해진다.

28. 고생 없이 얻을 수 있는 진실로 귀중한 것은 하나도 없다.

29. 공부할 때의 어려움은 잠깐이지만, 성공한 후의 즐거움은 일평생이다.

30. 앞에 있는 돌을 보고 약자는 걸림돌이라 하지만 강자는 디딤돌이라 한다.

아이에게
들려주면
좋은 격언

🌱 최선을 다하면
안 되는 일이 없다는 것을
알려 주자.

사람은 어려운 일일수록 확신을 하지 못한다. 확신을 하지 못하기 때문에 자신감도 없다. 그러다 보니 쉽게 포기하게 된다. 어떤 사람이 확신을 갖고 도전했다고 하자. 보통은 조그만 난관이 생기면 자신의 무능력을 깨달으며 쉽게 포기하고 만다. 그러나 인생의 고난을 경험한 사람일수록, 자아성취감을 느껴 본 사람일수록 쉽게 포기하지 않는다.

많은 사람은 성공한 사람들의 삶을 보면서 머리가 좋아서 성공했을 거라고 생각한다. 그러나 사실은 전혀 그렇지 않다. 성공한 사람들은 어떤 요행이나 운이 좋아서이기보다는 노력의 결과다.

나폴레옹은 이탈리아와 그리스를 정벌하려고 그의 대군을 이끌고서 알프스 산맥을 눈앞에 두게 되었다. 그의 병사들은 알프스 산맥의 장엄한 위엄에 압도된 채 멍하니 높고 높은 봉우리만 쳐다보고 있었다. 그들은 모두 ‘우리가 어떻게 이 높고 높은 산봉우리를 넘을 수 있을까? 를 생각하며 불안과 공포에 휩싸였다. 이를 간파한 부관은 나폴레옹에게 건의를 했다. “알프스 산을 넘어 진격하는 것은 불가능한 일입니다.” 그러자 나폴레옹은 알프스 산을 향해 다시 한번 눈을 부릅뜨고 바라보면서 이렇게 외쳤다. “나의 사전에 불가능이라는 단어는 없다. 제군들이여, 진격하라!” 그래서 그는 알프스 산맥을 넘었고 이탈리아와 그리스를 정벌하였다. 나폴레옹이 불가능이 없다고 한 것은 세상 일은 최선을 다하면 불가능이 없다는 것을 의미한다. 공부도 그렇지만 세상 일이 다 그렇다. 불가능하다는 생각은 남이 만든 게 아니고 내가 만든 한계다. 따라서 자신이 한계라는 생각을 하지 않으면 무엇이든 할 수 있는 것이다. 우리나라에서도 나폴레옹과 같이 최선을 다해 자신의 운명을 개척한 사람들이 많다.

대우종합기계(전 대우중공업)의 김규환 명장은 가난한 농부의 오대 독자로 태어났다. 그는 중학교를 졸업하고 어머니의 약값을 벌기 위해 서울로 무작정 상경하여 사환으로 입사하게 된다. 매일 아침 5시에 출근하는 매일 똑같은 모습을 본 사장이 정식기능공으로 승진을 시켰다. 그 후에도 계속 5시에 출근하였고 또 사장은 반장으로 승진시켰다.

그는 일을 함에 있어서 "목숨 걸고 노력하면 안 되는 일 없다!"는 자세로 일을 하였다고 한다. 어느 날 무서운 선배 한 명이 가루비누로 기계를 다 닦으라고 시켜서 공장에 있는 모든 기계 2,612개를 다 뜯고 닦았다. 그랬더니 호칭이 '야, 이 새끼야!' 에서 '김 군' 으로 바뀌었다고 한다. 그런데 어느 날 난생처음 보는 컴퓨터도 뜯고 물로 닦아 사고를 친 적이 있다. 바로 그때 알기 위해서는 책을 봐야겠다는 생각을 하게 되어 그때부터 목숨 걸고 공부를 시작하였다. 그는 학원을 한 번도 다녀본 적이 없이 현재 5개 국어를 한다. 그가 외국어를 배운 방법을 보면 과욕 없이 천천히 하루에 1문장씩 외었다. 하루에 1문장을 외우기 위해 집 천장, 벽, 식탁, 화장실 문, 사무실 책상 가는 곳마다 붙이고 보았다. 이렇게 하루에 1문장씩 1년, 2년 꾸준히 하다 보니 나중엔 회사에 외국인들이 올 때 설명도 할 수 있게 되었다고 한다.

그는 지금까지 제안 2만 4천6백12건을 하였으며, 국제발명특허 62개를 받았다. 이렇게 많은 제안과 특허를 내게 된 동기는 끊임없는 탐구 정신 때문이다. 어떤 문제를 가지고 온 종일 사물을 쳐다보고 생각하고 또 생각하면 해답이 나온다고 한다. 어떤 때는 가공 기계 개선을 위해 3달 동안 고민하다 꿈에서 해답을 얻어 해결하기도 했다고 한다.

그러나 그는 천재가 아니고 머리가 나쁘다고 하여 남들이 '새대가리' 라는 별명을 지어주었다고 한다. 그는 우리나라에서 1급 자격증 최다 보유자이지만 국가 기술자격 학과에서 9번 낙방, 1급 국가 기술자격에 6번 낙방, 2종 보통운전면허에 5번 낙방하고 창피해 1종으로 전환하여 5번 만에 합격했다. 결국 오늘날 그가 성공하게 된 것은 모든 일을 목숨 걸고 노력하였기 때문이다. 실제로 그는 25년간 새벽 3~4시에 일어나 남보다 더 공부하고 일한 덕택이라고 밝혔다.

그는 〈심청가〉를 1,000번 이상 듣고 완창하게 되었는데 〈심청가〉에서 특히 다음 구절을 매우 좋아한다. "한 번밖에 없는 인생, 돈에 노예가 되지 마라. 지금 하고 있는 일이 바로 너의 인생이다. 지금 하고 있는 일에 최선을 다하는 자는 영화를 얻는다." 그는 이를 통해 힘들고 어려운 길은 반드시 행복으로 가는 길이라고 주장한다. 따라서 "목숨 걸고 노력하면 안 되는 것이 없으며, 내가 하는 분야에서 아무도 다가올 수 없을 정도로 정상에 오르면 돈이 문제가 안 된다." 라고 하였다. 즉, 정상에 올라가면 길가에 핀 꽃도 다 돈이라는 것이다.

그의 이러한 치열한 삶은 그에게 훈장 2개, 대통령 표창 4번, 발명특허대상, 장영실상 5번 과 함께 초정밀 가공분야 명장으로 추대되도록 하였다.

김규환 씨는 쓰러져 다시 일어날 때마다 성공을 향하여 전진하였으며, 점차 시련을 극복하는 속도도 빨라지기 시작하였다. 그는 공교육은 제대로 받지 못했지만 오로지 최선을 다해 자기계발을 통하여 하고 싶은 것은 해버리고, 되고 싶은 것은 되어 버렸다. 그래서 그는 자신을 만들어 성공을 이룩한 자수성가형 사람이다.

　이름만을 이야기해서는 아는 사람이 그렇게 많지 않을 장승수라는 이가 있다. 그러나 막일꾼인 그를 서울대 수석 입학자라고 소개하면 대부분이 알 것이다. 막일꾼이 서울대 갔다는 사실은 세간의 이목을 집중시키기에 충분한 사건이었기 때문이다. 장승수 씨는 이러한 이력 이외에도 굴착기 조수, 오락실, 가스·물수건 배달, 택시기사, 공사장 막일꾼 등을 전전하면서 서울대학교 인문대학에 수석 합격하였고, 사법 시험에 합격하였으며, 지금은 프로권투 테스트에 통과하여 프로권투 선수로 활동하고 있다. 정말 아무도 예측하기 어려운 멀티플레이어로서 삶을 살고 있다.
　장승수 씨는 일찍 아버지를 여의고 어려운 가정 형편 때문에 대학을 포기하고 술집으로 당구장으로 돌아다니면서 싸움꾼 고교 시절을 보냈던 적도 있었다. 그리고 고등학교를 졸업한 후에도 집안의 생계를 책임지기 위하여 사회의 힘들고 어려운 각종 직업을 전전하면서 변화했다.
　한때 물수건 배달 일을 할 때 오전 8시부터 오후 7시까지 한 달에 딱 이틀 쉬고 30만 원 월급 받으며 매일 오토바이로 150km를 달리는 중노동을 하였다. 그는 결국 배우지 못하면 어려운 생활을 하며 지독하게 가난하게 살 수밖에 없다는 생각에 대학 진학을 생각하게 되었다고 한다. 그도 공부는 어렵다고 생각하고 있었지만 그래도 공부가 해 본 일 중에서는 성공을 하기에 가장 쉬운 것이었다고 했다. 또한 지금까지 해 본 것 중 가장 재미있던 것이 공부라고 하며 책을 뒤적이다가 몰랐던 것을 깨달았을 때 느끼는 기쁨이 그 어떤 것보다 좋았다고 한다.

  장승수 씨가 공부를 하면서 얻은 게 있다면 사람에게는 자기가 원하는 것을 할 수 있는 힘이 있다는 것을 깨달았다는 것이다. 그는 지금의 위치에 만족하지 않고 앞으로도 배워야 할 것은 산더미 같고 넘어야 할 한계도 무수히 많다고 했다. 그래서 그는 이러한 새로운 한계를 뛰어넘기 위해 최선을 다해 새로운 출발점에 서 있는 자세로 세상을 살고 있다. 고난과 역경을 견디고, 가장 하부에서 가장 상부로 점프한 사람, 그래도 도전을 멈추지 않고 자신을 성공한 사람으로 만든 사람, 그가 바로 장승수이다.

  이들은 원래부터 공부를 잘 하지는 않았다. 오히려 공부를 할 수 있는 환경도 되지 못하였다. 그러나 그들은 최선을 다해 열심히 노력하였다. 그래서 그들은 자신의 꿈을 실현할 수 있었던 것이다. 우리의 자녀에게 공부 잘하는 법만을 가르친다면 공부를 잘할 수는 있을지 모르지만 성공에 이르는 데는 한계가 있을 수도 있다. 따라서 인생을 최선을 다해서 살도록 격려해보자. 그러면 그들의 인생은 성공한 사람으로 바뀔 수 있다.

노력은
지능을 능가한다는 것을
알려주자.

일반적으로 지능이 높아야 공부를 잘한다고 생각할 것이다. 그래서 지능이 낮다고 생각하는 사람은 도전도 해보지 않고 스스로 공부하는 것을 포기하는 사람도 많다. 필자는 지능과 공부 능력은 별개라고 생각한다. 물론 전혀 아니라고 할 수는 없겠지만 지능이 높은 사람이 꼭 공부 능력이 높다고 할 수도 없다.

필자는 가끔 나의 자격증 취득에 관심을 둔 사람들에게서 "자격증을 빠른 시간에 많이 따는 사람들은 지능이 높아서 그런 것 아니냐?"는 질문을 받을 때가 있다. 나는 그때마다 아니라고 답한다. 필자도 머리가 그리 좋은 것은 아니고 다만 노력의 결과로 자격증을 많이 딸 수 있는 능력이 높아진 것이라고 생각한다. 따라서 필자는 노력보다 지능이 더 중요하다고 생각하지는 않는다. 오히려 지능은 낮지만 꾸준한 노력의 결과로 공부를 잘하는 경우도 많다. 한마디로 노력 앞에는 장사가 없다고 말하고 싶다.

앞에 제시하였던 장승수 씨도 IQ 113에 내신 5등급으로 대학을 5수나 하였다. 김규환 씨도 중학교 학력에 수없이 자격증 시험에 불합격할 정도로 지능이 뛰어난 것은 아니다. 이외에도 우리 주변에는 지능과 상관없이 멀티플레이어가 된 사람들이 많은데 그중에서도 대표적인 인물로 도올 김용옥 선생이나 윈스턴 처칠, 에디슨, 링컨, 벤저민 프랭클린 등 수도 없이 많다.

도올 김용옥은 다양한 경력의 소유자이며 해박한 지식을 가진 것으로 유명한 분이다. 그 성공의 비결은 머리가 좋아서라기보다는 노력하는 정신이 남달랐기 때문이다. 도올은 서울대 농대 농생물학과에 지원했지만 취약 과목인 수학에서 0점에 가까운 점수를 받아 낙방했고 대신 고려대 생물학과에 2차로 합격했다. 그러나 고려대 생물학과 진학 후 관절염을 심하게 앓아 학

업을 포기했다. 그는 1년 반가량을 병원 입원실에서 보내면서 세계를 바라
보는 가치관이 변하게 됐다. 세상을 보는 눈이 성숙해진 그는 신학을 공부
하기로 결심하고 신학대학에 들어갔다가 다시 철학에 관심을 두고 신학대
학을 나와 고대 철학과에 편입하는 등 다양한 학교를 다녔다.

그 후 도올 김용옥은 고려대 철학과 졸업, 대만 타이완대 석사, 일본 도쿄
대 중국철학과 석사, 미국 하버드대 철학 박사를 하였으며, 경력 면에서는
고려대 철학과 교수, 극단 '미추' 단원, 원광대 한의과 졸업, 도올 한의원 원
장, 미 하버드 의대 연구교수, KBS TV '도올의 논어 이야기' 강의, 문화일보
기자 등 남들은 도저히 따라할 수 없는 경력을 가지고 있다.

도올은 비록 학업 성적은 뛰어나지 않았지만 집중력과 마음먹은 일은 끝
까지 해내고 마는 강한 집착력을 보였기 때문에 성공한 사람이 되었다. 그
의 변신은 자유로웠으며 앞으로도 자신 아니면 다른 사람은 따라하기가 어
려울 정도이다. 이처럼 도올이 무슨 일이든 하면 그 분야의 최고 전문가가
될 수 있었던 성공의 비결은 그의 노력 덕분이었다.

도올은 전문적인 지식을 얻기 위하여 충분히 편안할 수 있는 현재에 안주
하지 않고 새로운 학문의 길을 자주 접하고 있다. 남들이 보아서는 완성되
었다고 생각할 정도의 학문 세계에 있음에도 끊임없이 동분서주하며 자신
의 노력 하나만으로 다양한 분야의 학문을 섭렵하고 있다. 그의 이러한 새
로운 분야에 도전하는 모습에서 영원한 노력만이 최고로 성공한 사람으로
서의 자리를 지키게 한다는 것을 깨닫게 된다. 도올은 "학문하는 자세의 첫
째는 호기심이 있어야 하고. 둘째는 자존심이 있어야 하며, 셋째는 고독을
즐길 줄 알아야 한다." 라고 하였다. 실제로 도올은 어렸을 때부터 길을 가

다가도 뭔가 궁금한 것이 있으면 묻고 대답이 나올 때까지 움직이지 않았다고 한다. 오늘날 도올이 성공하게 된 것은 고집, 집중력, 탐구욕, 탁월한 감성, 이 네 가지 때문인 것 같다.

　영국의 윈스턴 처칠은 정치인으로 세계를 변화시켰지만 더욱 유명한 것은 노벨 문학상을 받을 정도로 문학에도 조예가 깊은 멀티플레이어였다. 8삭 동이로 태어난 처칠은 태어날 때부터 몹시 병약하여 어린 시절에는 거의 모든 병을 달고 다녔으며 열한 살 때는 죽음의 문턱까지 다녀왔다. 그는 숨을 거두는 순간까지 여러 가지 병마의 그림자에서 한 순간도 벗어나지 못했다. 체격 역시 왜소하여 그에게 평생을 살면서 크나큰 콤플렉스를 가져다 주었다. 무엇보다 놀라운 것은 이 시대 가장 위대한 연설가로 인정받은 그의 혀는 짧았으며, 몇몇 발음들은 잘 하지도 못했고 말더듬증까지 있었다.

　그는 군에 입대하면서 체력 훈련에 몰두하여 신체적인 허약함을 이겨내려고 했으며, 학문에 대한 열등감은 하루 다섯 시간이 넘는 독서와 연구를 통해 자신만의 지식 체계를 이끌어내었다. 짧은 혀로 말미암아 발음이 안 되는 단어를 걸을 때마다 연습했으며, 무대 공포증을 없애기 위해 웅변 기술을 끊임없이 연습했다. 즉석에서 말하는 것이 서툴렀던 그의 명연설들은 미리 원고를 써서 암기한 것이었다. 그는 자신의 소심한 성격을 이기기 위해 전쟁에 참가해서는 가장 치열한 전투에 자진해서 몸을 던지기도 하였다.

　그는 이러한 삶의 자세로 영국에서 두 번이나 수상을 지낸 정치가이자 웅변가로 명성을 날렸으며, 바쁜 정치 생활 속에서도 수많은 강연과 20여 권이나 되는 훌륭한 저서를 집필하여 노벨 문학상을 받았으며, 금세기 최초로 왕족 이외에 '국장'으로 장례를 치른, 지금까지도 '가장 위대한 영국인'으로 불리고 있다. 그가 이처럼 험난하고 불행했던 어린 시절을 극복하고 영국을 대표하는 대정치가가 되고 전 세계 사람들에게 존경을 받을 수 있었던 것은 자신의 약점과 모자람을 극복하려고 끊임없이 노력하여 영국을 2차 세계 대전에서 구하고 명연설가, 정치인으로서 노벨 문학상을 받았기 때문이다.

🌱 쉽게
성공하게 시키려면
성공한 사람을 찾아
따라하게 하자.

개인이 공부를 통하여 성공하고 원하는 일을 하기까지 많은 준비와 노력이 필요하다. 그러나 좀 더 쉽게 성공에 도달하기 위해서 무엇보다 먼저 챙겨야 할 것은 성공한 멘토를 찾는 일이다.

멘토라는 말은 그리스 신화에서 비롯됐다. 고대 그리스 이타이카 왕국의 왕인 오디세우스가 트로이 전쟁을 떠나며, 자신의 아들인 텔레마코스를 보살펴 달라고 한 친구에게 맡겼는데, 그 친구의 이름이 바로 멘토였다. 그는 오디세우스가 전쟁에서 돌아올 때까지 텔레마코스의 친구, 선생, 상담자, 때로는 아버지가 되어 그를 잘 돌보아 주었다. 그 후로 멘토라는 그의 이름은 지혜와 신뢰로 한 사람의 인생을 이끌어 주는 지도자라는 의미로 사용되었다고 한다. 따라서 멘토는 상대방보다 경험이나 경륜이 많은 사람으로서 상대방의 잠재력을 볼 줄 알며, 그가 자신의 분야에서 꿈과 비전을 이루도록 도움을 주며, 때로는 도전하게 도와줄 수 있는 사람을 말한다. 예를 들면 교사, 인생의 안내자, 본을 보이는 사람, 후원자, 장려자, 비밀까지 털어놓을 수 있는 사람, 스승 등을 들 수 있다.

성공하고자 하는 사람의 멘토로 적합한 사람은 직장 상사가 될 수도 있고 친구도 가능하지만, 가장 확실하게 성공하는 방법은 이미 성공한 사람을 찾는 것이다.

성공한 사람을 마음의 멘토로 두고 그의 삶의 방식 중에서 성공하기 위하여 노력한 자기계발 과정을 그대로 따라하면 나도 같이 성공할 수 있는 것이다. 성공한 사람을 마음의 멘토로 두기만 해도 때로는 성공한 사람의 삶과 나의 삶을 비교하면서 내가 미처 발견하지 못한 나의 장점과 단점을 발견할 수 있다. 더 나아가 내가 자주 만날 수 있는 성공한 사람을 멘토로 두게 되면 멘토에 의하여 나의 성공 잠재력이 발견되고 나에게 맞는 방향을 제시해줄 수 있다. 즉 막무가내식의 자기계발이 아닌 전략적으로 성공할 수 있는 공부 방법을 알게 되는 것이다. 멘토는 자신의 실패 경험을 바탕으로 실패를 줄이는 방법과 단점을 숨기는 요령도 가르쳐 준다. 오랜 자기계발에서도 멀티플레이어로 성공하지 못하면 왜 실패했는지 조목조목 분석해준다. 그리고 나의 멀티플레이어 능력이 통하는 시장을 찾는 데 도움을 받을 수 있다.

누구든 공부를 잘할 수는 있지만, 원하는 목표에 도달하는 보장은 받을 수 없다. 그러나 성공한 사람을 멘토로 둔다면 내가 원하는 성공하는 기회는 쉽게 다가올 것이다. 따라서 공부로 성공하기를 원하는 사람은 성공한 사람을 멘토로서 자신 인생의 모델로 삼아보자.

🌱 아이를
성공하게 시키려면
멀티플레이어형 인간으로
키우자.

멀티플레이어(multiplayer)는 multi(여러 가지)+player(선수, 경기자, 연주자)의 조합어로, IT 환경의 발전에 따라 만들어진 신조어이다. 원래는 인터넷 게임에서 다른 사람들과 접속해서 여러 사람이 같이 사냥을 하거나 게임을 진행하는 게임 방식을 말하기도 한다.

지난 한일월드컵 준비기간에 거스 히딩크 감독은 '멀티플레이어' 라는 개념을 한국 대표팀에 이식해 월드컵의 4강 신화를 달성하였다. 그의 성공 신화는 그동안 한 우물만 파야 한다고 생각하는 우리의 전통적인 고정관념에 큰 충격과 변화를 주었다.

거스 히딩크 감독이 주장하는 멀티플레이어의 의미는 한 선수가 한 가지 역할만을 수행하는 것이 아니라 한 선수가 여러 포지션의 역할을 거뜬히 소화함으로써 수비수가 공격수도 되어 감독의 전술에 다양한 옵션을 제공해 주는 선수를 일컫는 표현이었다.

멀티플레이어라는 용어는 처음에는 IT 관련 부문에서만 사용하던 것을 히딩크 감독이 사용하면서 유명해졌다. 이후 멀티플레이어라는 용어는 스포츠 분야뿐만이 아니라 점차 다른 분야에서도 광범위하게 사용하기 시작하였다.

앞으로 다가올 미래 사회를 한마디로 규정하기는 너무나도 불확실하다. 국제화, 지방화, 정보화, 개성화 등등 무수한 변화가 한꺼번에 몰아닥치고 있기 때문이다. 과학기술의 변화 속도는 눈부실 정도이고, 매일 자고 일어나면 새로운 기술이 개발되어 있고 새로운 물건이 만들어지고 있다. 미래 사회는 정해진 역사를 걷는 것이 아니라 우리의 실천에 의해 만들어지고 변화하는 것이다.

그러나 이러한 변화 중에서도 정보화의 물결은 모든 변화를 주도하는 큰 흐름으로 두드러져 있다. 바야흐로 우리 사회, 아니 세계는 정보사회로 진입하고 있다. 지난 십 년 동안의 컴퓨터와 그 주변기기, 통신기술의 발달을 한 번 생각해 보면 일 년 전에는 생각하지도 못했던 높은 성능의 제품과 서비스가 시장에 속속 등장했다. 많은 제품이 몇 개월만 지나면 이미 구식이 되어 버리고 만다. 컴퓨터는 구입하고 돌아서면 더 좋은 성능의 제품이 더 싼 가격에 버젓이 시중에 돌아다닌다. 이러한 시대를 살고 있는 우리가 미래를 예측하고 거기에 준비하지 못하면 미래 사회에 생존이 어렵게 되고 있다.

미래학자 앨빈 토플러는 그의 저서 《제3의 물결》에서 인류가 정보화사회로 갈 것을 예측하였으며, 《제4의 물결》에서는 미래에 대한 전망으로 10가지를 예측하고 있다. 그중에서 중요한 것만 보면 "디지털 기호로 구성된 지식과 정보가 자본을 대체하며, 교육받은 중산층이 국가를 이끌며, 기술 없는 인력의 대규모 실업이 발생할 수 있다"고 하였다.

또 미래 사회 일부에서는 국경의 의미가 사라짐에 따라 다른 민족과의 교류 기회가 증가할 뿐만 아니라, 다양한 가치와 신념이 존중되는 다원주의적 경향의 가속화로 인하여 비판적, 창의적인 사고, 개방적인 사고 자세가 필요한 사회가 온다고 하였다. 심지어는 디지털과 초고속화는 시간과 공간의 제약 뿐 아니라 언어의 제약까지도 넘어설 수 있게 된다는 것이다.

굳이 미래학자들의 미래에 대한 전망을 구하지 않아도 앞으로 전개될 미래는 국가 간의 국경이 사라져 치열한 생존경쟁으로 치닫게 될 것이다. 지금도 국가 간의 보이지 않는 새로운 전쟁이 계속되고 있기 때문이다. 이에 따라 기업들은 지금보다 적은 비용으로 많은 생산을 고려하지 않으면 안 될 것이다. 치열한 생존경쟁에서 살아남기 위해서 미래의 경영환경은 경영자와 직장인들을 멀티플레이어가 되도록 유도할 것이다.

또한 사회가 발전할수록 상품의 빠른 변화를 지켜본 소비자의 욕구는 더욱 다양해져 자기만의 개성 있는 문화를 즐기려는 사람이 늘고 있다. 따라서 소비자의 욕구와 필요를 정확히 예측하여 이를 충족시키는 과정은 기업 성공에 중요한 열쇠가 되고 있다. 시장 규모가 작고, 제품 종류가 많지 않았던 옛날에는 회사가 하루하루 판매 경험을 통해 소비자의 행동을 파악할 수 있었다. 하지만 요즘에는 시장이 복잡하게 세분화되어 있고, 소비자의 취향과 욕구가 다양하기 때문에 단순한 마케팅 전략으로는 소비자를 이해할 수 없다. 따라서 기업은 다양한 소비자의 욕구를 정확히 파악하기 위하여 소비자와 같이 다양한 욕구를 가지고 다양한 지식과 경험을 가진 사람을 필요로 할 수 밖에 없게 되었다. 결국 이러한 다양한 욕구를 충족시킬 수 있는 사람으로 다재다능함과 창의성을 가진 멀티플레이어가 아니면 어렵다는 것을 쉽게 예측할 수 있다.

여기서 말하는 멀티플레이어는 모든 분야에 수박 겉핥기식으로 해박한 지식을 이야기하는 것이 아니라 한 가지 부분에는 전문지식을 갖추고 나머지 부분에는 해박한 지식을 갖추는 것을 의미한다. 멀티플레이어는 복잡한 조직의 계선을 통하지 않고 혼자 게릴라처럼 일 할 수 있으며, 혹독한 환경에서도 살아남을 수 있는 능력을 갖추고 있어야 한다. 또한 멀티플레이어는 다양한 지식과 경험을 갖추고 있어 사회의 변화에 따라 카멜레온처럼 변신의 귀재이기도 해야 하다.

멀티플레이어가 되지 못하는 개인, 조직, 국가는 경쟁에서 뒤지기 때문에 생존 자체가 힘겨워질 것이다. 더욱이 신자유주의 파도는 멀티플레이어에 적응하지 못한 개인과 기업, 국가를 더욱 위험한 환경으로 빠뜨릴 것이다. 그러나 반대로 멀티플레이어가 된 개인이나, 멀티플레이어를 양성하거나 고용한 기업이나 국가는 미래 사회를 주도할 것이다.

우리는 이제 변화하지 않으면 생존이 불가능한 시대에 살고 있다. 한 가지만 가지고 살 수 있던 시대가 아니라 다양한 분야의 전문가가 인정받는 시대가 왔다. 그래서 젊은 세대 중에 멀티플레이어형 인간이 많은 이유는 기성세대에 비해서 변화와 속도에 빠르게 적응하며 두려워하지 않기 때문이다. 기성세대의 특징 중에 하나가 변화에 대응하는 속도가 느리고 새로운 변화에 대해서 일단 부정적인 견해를 표출한다. 그러나 멀티플레이어형 인간인 젊은 세대는 기성세대에 비해서 변화를 추구하고 끊임없이 발전하는 사회의 속도에 발을 맞추어 나가려는 노력을 하고 있다.

아이를 성공하게 시키려면 지식을 그리워하게 하자.

'부모가 최초의 교사' 라고 한다. 잘난 부모든 못난 부모든 아이에게는 세상에서 처음으로 맞닥뜨리는 '선배' 이며 인생을 성공으로 이끄는 멘토이다. 부모를 통해 아이는 세상을 받아들이고 자신의 인생을 시작하기 때문이다.

세상의 부모 중에는 교육을 많이 받아 사회적으로 출세한 사람도 있고 그렇지 않은 사람도 있다. 그러나 교육을 많이 받은 사람만이 현명한 부모가 되는 것은 아니다. 무한한 사랑과 관심이 아이를 큰 인물로 자랄 수 있도록 하는 것이다. 맹자의 어머니가, 에디슨의 어머니가 무슨 교육을 많이 받았겠는가? 무한한 사랑과 관심이 아이를 큰 인물이 되도록 한 것이다.

그러나 우리나라의 교육열은 지나친 감이 없지 않다. 요즘은 초등학교에도 사교육을 받지 않는 아이가 없다. 방학 때는 학원 가고 과외받느라 더 바쁘다. 그러면서 대안학교니 특수목적고니 자립학교니 해서 유별난 학교들도 많이 생기고 있다. 이러한 현상은 이제는 공교육에 아이들을 맡기는 것에 의심이 가기 때문이다. 그래서 직접 학원에 보내고, 평범한 공교육 기관보다는 뭔가 다르고 특별한 교육을 받아야 한다는 생각이 팽배하고 있는 것이다. 물론 우리 교육 제도에 문제가 없지는 않다. 교육기관이 지나치게 경직되어 있어 시대의 흐름을 따르지 못하는 것도 있겠고, 지나치게 관료적이어서 변화와 개혁을 두려워하는 점도 들 수 있겠다.

그렇다고 교육의 직접 수혜자인 아이의 의사는 알아보지도 않고 일방적인 부모의 욕심에 의하여 아이를 사교육의 현장으로 내몰고 있는 것은 아닌지 자문해 보아야 한다. 또한 부모가 아이의 교육에 조급증을 가지고 있지는 않은지 먼저 반성해 보자. '이것'만 가르치면 아이가 당장 천재가 될 것으로 착각하지 말자. 천천히, 길게 아이의 장래를 생각하면서 아이의 눈높이에 맞는 교육을 시작해야 할 것이다.

피아노 치기 싫은 아이에게 윽박지르며 피아노선생을 붙여준들 무슨 효과가 있겠는가. 만날 미술학원에 가느니 차라리 '죽어버리고' 싶은 아이에게 회초리를 들이대서 어쩌겠다는 것인가. 공부하기 싫은 아이를 좋은 학원에 보낸들 성적이 올라가겠는가? 공부가 싫어서 자살하려는 아이에게 고액 과외선생을 붙여준들 공부하고 싶은 생각이 들겠는가?

말을 물가에 끌고 갈 수는 있다. 그러나 억지로 물을 먹일 수는 없다. 그러나 사람은 다르다. 물을 떠먹여 줄 수 있다. 자꾸 떠먹여 주다 보니 아이는 스스로 물 먹는 방법을 알지 못한다. 혹 당신의 아이가 그렇지 않은가? 옛말에 이런 말이 있다. "물고기를 잡아주기보다, 물고기 잡는 법을 가르쳐 주어라, 물고기 잡는 법을 가르쳐 주기보다, 먼저 바다를 그리워하게 하라." 이 말은 물고기를 잡아주면 의타심만 기르게 되고, 물고기 잡는 법을 가르쳐주면 고기를 잡아먹으며 생존하는 능력을 얻거나 어부 밖에는 되지 않지만, 바다를 그리워하게 하면 어부도 될 수 있고, 고기를 잡아먹으며 생존할 수 있는 능력도 가질 수 있고, 바다를 연구하는 학자도 될 수 있다는 것을 비유한 말이다. 즉 바다를 그리워하게 한다면 무한한 가능성을 가지게 될 것이라는 것이다. 이 말은 현대를 사는 부모들에게도 적용되는 말이다. 성공하게 만들기 위해서 공부를 하게 시키려고 하기보다는 공부를 그리워하게 하면 공부를 하지 말라고 해도 하게 될 것이다.

🌱 공부는
밥 먹는 것처럼
평생 하는 것이라고
알려 주자.

현재 직장인들의 고용에 대한 불안은 심각한 지경에 이르렀다. 대학생들의 취업률은 점차 낮아지거나 경쟁이 심해서 웬만한 대기업에 입사하는 것은 낙타가 바늘구멍 들어가는 것만큼 어렵게 되었다.

직장인이 일찍 진급하면 더는 진급할 수 없어서 38세에 직장을 그만두어야 하는 '삼팔선', 능력이 없어서 더 진급을 하지 못하여 45세에 직장을 그만두어야 하는 '사오정', 아무리 발버둥을 쳐도 56세면 직장을 그만두어야 하는 '오륙도' 같은 말이 남의 일이 아니고 당장 나의 현실이 되는 시대가 온 것이다.

예전에는 직장에서 남는 시간을 활용하여 자신을 계발하는 것은 자유로운 선택이었지만, 고용불안이 심화되면서 직장에서 살아남기 위하여 자기 능력을 개발하거나 전직 준비를 하는 것은 이제 누구에게나 필수적인 것이 되었다.

이미 직장인은 직장에서 살아남기 위하여, 또는 퇴직 후의 삶을 준비하기 위하여 영어강좌나 자격증 전문학원을 다니고 있다. 예전에는 학생들이 채

웠던 학원들이 지금은 새벽반, 저녁반, 주말반 가릴 것 없이 직장인들에 의하여 채워져 가고 있다. 주말에는 지역의 도서관도 직장인들이 점령한 지 오래되었다. 자신의 전공분야 이외에도 전문성을 쌓기 위해서 대학원에 진학하는 직장인도 늘어가고 있는 추세이다. 필자는 교육대학원에서 강의를 하는데 예전에는 교사들이 대부분 입학하였는데 요즈음에는 일반직장에 다니는 사람들의 비율이 높아지는 것을 보면 시대상을 반영하고 있는 것 같은 생각이 든다.

필자가 대학원에서 강의를 하면서 만난 직장인 중에 남들이 선호하는 기업의 과장인 L씨는 매우 뜻밖이었다. 30대 중반인 L씨는 직장에서 인정받아 젊은 나이에 과장이 되었는데도 바쁜 시간을 쪼개어 대학원에 다니고 있다. 필자는 그 이유를 물어보았다. L씨는 명문 대학교 공대 전자과를 졸업하여 회사에 쉽게 취직하여 생산업무에만 종사하다 전문성을 인정받았다고 한다. 그런데 작년에 회사에서 갑자기 인사부서에 배치하여 교육 관련 업무를 맡겼다고 한다. L씨는 공대를 나왔기 때문에 교육 관련 업무는 너무나 생소한 일이었고 그래서 모든 일을 새로 배울 수밖에는 없었다. 그러나 교육학을 전공하지 않아 학문적인 기반이 없어서 일의 효율성이나 효과가 떨어져 다른 직원에 비하여 능력이 부족한 것으로 나타나기 시작하였다. L씨는 회사에서 능력을 인정받기 위해서는 전문성을 향상하는 일이 제일 중요하다고 판단하였다. 그래서 L씨는 회사가 끝나는 시간을 이용하여 자신의 전공과는 상관 없는 교육학을 전공하게 된 것이다. L씨는 요즈음 회사에서는 자기계발을 게을리하면 언제 회사에서 그만두라고 할지 모른다며 회사에 근무하는 동안은 자신의 능력 개발을 부단히 해야 한다고 하였다. 그러나 L씨와 같이 공부하는 다른 대학원생들은 L씨의 의지를 높게 평가하면서도 5학기라는 시간과 큰 비용을 들이면서까지 대학원에 다녀야 할 정도로 자기 계발을 해야 하는 절박감에 대해서는 의아한 생각을 하는 것 같았다.

필자가 근무하는 대학의 평생교육원에도 성인을 위한 다양한 취업 및 창업교육 프로그램에 퇴직자보다는 직장인들이 더 많은 비율로 참여하고 있는 것을 보면 요즘의 사회 현실을 여실히 느낄 수 있다. 얼마 남지 않은 불안한 직장보다는 퇴직 후에 안정된 직업을 구하기 위하여 노력하는 모습은 가히 딱할 정도다. 직장인들은 퇴근 후에 업무에 지쳐 손가락 하나 까딱하기 싫을 정도지만 현실의 절실함이 더욱 컸기 때문에 졸린 눈을 비비며 공부를 하고 있다. 하지만 피곤한 눈빛이면서도 무언가 이루어 내겠다는 의지는 확연하게 보였다.

필자가 근무하는 평생교육원의 부동산중개인 자격 취득과정에 다니는 K씨는 직장이 안정된 공사의 부장이다. 50대 초반인 K씨는 정년이 몇 년 남지 않았기 때문에 퇴직하면 부동산중개업소라도 차려 소일거리로 삼아야겠다는 생각으로 부동산중개인 자격 취득과정에 다니고 있다. K씨는 대학을 졸업한 후 근 20년 이상 공부를 해 본 적이 없어 책상 앞에 앉아 수업을 받는 것이 어렵다고 하였다. 그러나 더욱 어려운 것은 나이를 먹으니까 기억력이 떨어져 수업에서 들은 내용을 돌아서면 바로 잊어버리는 것 때문에 예전에 공부하던 것보다 배로 힘들다는 이야기를 하였다. 그러나 K씨는 퇴직 후에 바로 사회에서 직업을 갖기 위해서는 어쩔 수 없지 않은가 하는 생각으로 열심히 공부를 하고 있다고 한다.

이러한 현상을 지켜본 필자는 이제 편하고 안정된 직업의 직장인들도 자신이 원하든, 원하지 않든 항상 공부를 해야만 생존할 수 있는 시대가 왔다는 것을 느낄 수 있었다. 결국 직장에 취업해서도 공부해야 하는 것은 "선택이 아니라 필수"가 되어 버렸다.

🌱 부모의 품은
영원한 안식처임을
알려주자.

자녀 교육에 있어서 제일 중요한 것은 역시 부모의 관심과 사랑이다. 미국의 한 연구팀은 원숭이 실험을 통해 이를 증명해 보였다. 새끼원숭이를 어미로부터 격리시킨 연구팀은 처음에는 직접 우유를 먹여 키우다 다음에는 두 종류의 모조어미를 등장시켰다. 한 모조어미는 철사로 만들었고 다른 하나는 고무와 부드러운 천으로 만든 것이었다. 우유병은 철사로 만든 모조어미에게만 매달았다. 그러자 원숭이는 먼저 부드러운 모조어미에게 달려가 품에 안긴 다음 몸을 철사어미 쪽으로 내밀어 매달려 있는 우유를 먹었다. 이 연구 결과는 원숭이에게 있어서 부드러운 엄마 품에 대한 애착은 본능적인 것이며 이는 식욕 못지않게 강한 것임을 시사하고 있다.

어머니의 품은 어린 자녀에게 행복감과 안도감을 제공하며 이것이 결핍된 자녀는 심리적 성숙에 큰 결함이 생긴다고 한다. 이는 6개월간 격리해 키웠던 원숭이를 다른 원숭이 우리에 넣어보니 여러 가지 이상 행동을 나타내

친구와 잘 어울리지 못했다는 연구결과에서도 드러났다. 이후 여러 심리학자에 의해 인간유아의 어머니에 대한 애착도 상당히 중요하다는 사실이 밝혀졌다. 어머니의 애정은 유아에게 안도감을 주었고 어머니가 곁에 있을 때 유아는 낯선 주변을 더 많이 탐색했다. 어려서 어머니와 올바른 애정관계를 형성하지 못한 아동은 성장한 이후 대인관계를 잘 맺지 못했다는 연구도 있다. 그만큼 어머니의 영향력은 위대하다.

달걀을 품에 품고서 끙끙거리는 에디슨에 대해서 우리는 잘 알고 있다. 어려서부터 엉뚱한 일을 일삼던 에디슨은 드디어 초등학교 시절 퇴학을 당한다. 학교에 불려간 에디슨의 어머니에게 에디슨의 담임선생은 말한다.

"어머니, 애는 저능아라서 학교에서는 도저히 못 가르치겠어요. 애는 어머니가 집에서 가르치는 것이 좋겠어요."

에디슨의 어머니는 하늘이 무너지는 것 같았다.

하지만 정신을 차린 에디슨의 어머니는 침착하게 말한다.

"애가 저능아라니요. 선생님, 애는 호기심이 많은 아이예요."

그리고는 에디슨에게 말한다.

"에디슨아 너는 호기심이 아주 많은 아이란다.

너는 그 호기심 때문에 훌륭한 발명가가 될 수 있단다.

엄마는 너를 사랑한다. 네가 자랑스럽다."

그러면서 꼭 껴안아 주는 것이 아닌가?

어머니의 이 한마디 말 때문에 에디슨의 일생은 변했다.

만약에 에디슨의 어머니가 에디슨을 혼냈다면 과연 발명왕 에디슨은 존재할 수 있었을까?

저능아라고 학교에서 퇴학을 당했던 에디슨이 바로 19세기 인류에게 가장 영향을 끼친 한 사람으로서 선정되었다.

만약 에디슨을 뒷받침해 준 어머니와 아버지가 없었더라면 에디슨이 그토록 훌륭하게 자랄 수 있었을는지 의문이다.

에디슨의 어머니와 아버지는 에디슨에게 자긍심을 길러 주고 끊임없는 탐구열을 갖게 했고 그것을 충족시켜 준 것이었다.

그래서 성공한 사람들이 마지막에 던지는 한마디가 '어머니' 라는 말일지도 모른다. 1977년 11월 파나마에서 홍수환 선수는 세계 챔피언인 헥토르 카라스키야와의 경기에서 2회전에 4번이나 다운을 당하고도 3회전에서 오히려 카라스키야를 다운시키고 새로운 세계 챔피언이 되었다. 그때 어머니와의 전화통화에서 꺼낸 한 마디 "엄마, 나 챔피언 먹었어."가 아직도 생생하다. 우리는 그만큼 어머니의 영향 밑에서 자라기 때문에 힘들거나 좋은 일이 있으면 제일 먼저 어머니가 떠오르는 것이다.

인생을 살아 본 사람들은 이야기를 한다. 인생은 즐겁고 행복한 일도 많다. 만만하지도 않고 갖은 평지풍파도 많다. 절망도 있다. 이러한 어려움 속에서 좌절하고 자기의 꿈을 포기하는 사람들이 많다. 그러나 어머니의 든든한 사랑이 뒤를 받치고 있다는 생각이 들면 아무리 어려운 인생길이라도 인내하면서 갈 수 있는 것이다.

🌱 공부 잘하는 아이보다
   버릇 좋은 아이로
   키우자.

세 살 버릇 여든까지 간다는 옛 속담이 있다. 잘 못 길들인 습관으로 인하여 평생의 운명이 결정된다는 것을 의미한다. 어릴 때부터 부모가 모든 것을 다 해주는 집은 자녀의 의존성만 길러 나중에 세상을 살아가는 데 자신감을 얻지 못하게 할 수 있다. 요즈음 너무 오냐오냐하며 감싸주기만 하는 과보호가 많은데 이런 가정의 자녀는 지나치게 의존적이 되고 무기력하며 자립심이 약한 아이가 되기 쉽다. 따라서 어릴 때부터 자신감을 가지고 세상을 살 수 있는 습관을 길러주어야 한다. 그래야 어떤 상황에서도 자신있게 자신의 삶을 개척해 나갈 수 있는 것이다.

가정은 자녀가 원하는 데로 성장하는 데 있어 첫 교실이며 부모는 아이가 만나는 첫 선생이라는 말이 있다. 이는 가정에서 올바른 가정교육을 해야 할 책임이 있다는 말이다. 올바른 가정교육하면 흔히 엄하게 다스리고 벌 주고 때리는 일로 생각할 수 있다. 그러나 여기서 말하는 가정교육이란 그런 처벌을 말하는 것이 아니라 좋은 버릇을 길들이는 것이다. 좋은 버릇 길들이기란 험난한 세상을 살아갈 자신감과 성공할 수 있는 올바른 몸가짐을 갖도록 하는 것이다.

사랑하는 만큼 벌도 주어야 한다.

요즈음 부모는 자식을 끔찍이 사랑하는 마음이 많아서인지 상전처럼 모시

193

고 사는 사람이 많다. 그래서 밖에서 버릇없이 굴어 혼나야 하는데도 다 예뻐게만 보고 있다. 그러다 보니 사회성이 없어지고 자기만 아는 아이가 되고 만다.

아이에게는 부모로부터의 상과 벌이 모두 적당히 필요하다. 여기서 주의해야 할 점은 상을 줄 때 처음에는 물질 중심의 상을 주지만 점점 정신적인 면의 상을 주는 방향으로 가야 한다는 것이다. 처음에는 물건을 주는 보상을 하지만 점차 칭찬, 인정, 격려 등 정신적 보상을 주어야 한다. 벌의 경우 어릴 때는 즉각적인 벌을 주지만 아이가 자라면 스스로 생각하는 기회를 주면서 벌을 스스로 인정하고 받도록 하는 것이 필요하다.

일반적으로 우리나라 가정에서 부모가 아이에게 벌을 줄 때 바람직하지 않은 방법을 많이 쓴다. 체벌을 심하게 하거나 비웃거나 무시하기도 하고 어떤 경우에는 옛날의 잘못까지도 들추어서 아이를 비난하는 경우가 있다. 이런 방법은 별 효과가 없다. 벌을 줄 때는 따끔하게 벌 주되 왜 이 벌을 받아야 하는 가를 스스로 알게 하는 것이 필요하다.

잘못한 일에 대하여 벌을 받아야만 부모가 어려운 줄도 안다. 그래야 살면서 자기가 하지 말아야 할 일이 무엇인지도 깨닫게 된다. 마냥 모든 일에 대하여 예뻐하기만 해준다면 삶의 기준이나 도덕적 기준이 없기 때문에 험난한 사회의 깊은 질곡에 빠질 확률이 높아진다는 것을 명심하자.

타인의 존재를 의식하게 한다.

사람은 인사만 잘 해도 일단 예의 바른 사람이라는 좋은 평가나 대접을 받을 수 있다. 그러므로 아이를 인사 잘 하는 사람으로 키우는 것은 앞으로 아이가 성인이 되어 사회생활을 하거나 대인관계를 맺는 데 있어서도 대단히 중요한 역할을 하게 될 것이다. 한 예로 우리의 이웃 나라인 일본은 아기에게 '엄마', '아빠' 라는 말보다 '안녕하세요', '고맙습니다' 라는 인사말을 먼저 가르친다고 한다. 습관이란 아기의 고집이 생기기 전부터 가르치는 것이 효과적이기 때문이다.

그러나 요즘 우리의 청소년은 예의는 둘째 치고 남을 의식하는 면이 부족하다. 자녀를 하나나 둘밖에는 낳지 않기 때문에 그저 곱게 키우기만 할 뿐이다. 그래서 남들에게는 버릇이 없어 보여도 부모에게는 예쁘기만 한 것이다. 이렇게 자라다 보니 아이들은 사회성이 부족하고 가기 중심적으로만 생각하게 된다. 결국 아이들은 자기가 속한 사회에서 왕따가 되고 만다.

과거에 형제가 많이 있는 가정에서는 자연히 남을 의식하며 살 수밖에 없었으나 요즘 혼자 자라는 아이들은 남을 의식하지 못하고 자라는 경우가 많다. 어릴 때부터 남과 제대로 어울리면서 남을 의식하는 경험을 갖도록 하는 일이 중요하다. 우리 아이에게 타인의 존재를 의식하게 하려면 다음과 같이 해보자.

첫째는 아이에게 아빠가 출근하고 퇴근할 때는 물론, 이웃 사람이나 웃어른을 보면 인사하는 방법을 가르쳐 주자. 아이에게 인사하는 습관을 길러주는 것이야말로 가정교육의 정도를 판가름하는 중요한 척도가 되기도 한다. 또한 인사를 잘하는 아이는 누구에게나 사랑받고 또 그 부모도 가정교육을 잘 한 것에 대해 모두에게 칭송을 받게 될 것이다.

둘째는 웬만한 가족모임에 아이들이 바쁘다는 이유로 데려가지 않는 부모가 많다. 하지만 할아버지나 할머니, 사촌형제들이 모이는 가족모임은 형제가 없는 요즘 아이들이 다른 사람에게서 의사 를 표현하는 방법을 배울 수 있는 기회의 장이며 타인의 존재를 자연스럽게 배울 수 있는 교육의 장이다. 따라서 별 다른 일이 없는 이상 가족모임에는 아이를 꼭 참석시켜 보자.

셋째, 부모와 아이 사이에 '브레인 스토밍'이 필요하다. 서로의 의견이 다를 때, 서로 다양한 의견을 밝히고 문제의 해결방법을 구상해 보는 것이다. 각자의 뜻대로 일을 해결했을 때 예상하는 결과에 대해 토의하면서 견해 차를 좁혀가는 노력을 하다 보면 아이가 다른 사람을 배려하는 의사소통 방법을 배울 수 있다.

자립심을 키워준다.

누구나 어린 시절에는 다른 사람에게 의존하며 살아간다. 부모에게 의존하고 형제에게 의존한다. 그러나 나이가 들면서 자립심 내지 독립심이 자라나게 되어 인격이 성숙해 간다.

그러나 요즘은 자기 일을 스스로 알아서 하는 아이를 찾아보기 어렵다. 자고 나서 이불 하나 제대로 갤 줄 모르는 아이도 많다. 고등학교를 졸업하고도 밥을 할 줄 모르는 아이가 많다. 하지만 언제까지나 품 안의 자식으로 키울 수 없는 일이다.

요즈음 자녀는 나이를 먹어도 부모에게 의존해 사는 경우가 많다고 한다. 대학을 졸업하고 취업하여 월급을 타서 생활하는 것보다는 취업도 하지 않고 용돈을 타서 생활하는 것이 좋기 때문에 집에 의존하는 자녀가 증가하고 있다는 것이다. 나이가 들어서도 계속 의존심에만 머물러 있는 경우, 이들은 어릴 때부터 부모가 모든 것을 해주었기 때문에 성인이 되어서도 자립심을 갖지 못한 것이다. 무슨 문제만 생기면 누구에게 물어봐야 할 지, 어떻게 할 지를 결정하지 못하여 안절부절못하며 부모에게 모든 것을 의존하여 왔다. 이런 사람은 마음의 허점 때문에 달콤한 말이나 아첨에 말려들어 연애에서 실패하고, 사업에서 실패하고, 끝내는 인생 전체에서 실패하기 쉽다.

이런 유아적인 의존심이 있는 청소년을 자식으로 둔 부모는 마음이 편하지 못다. 부모가 죽을 때도 자식이 살아나갈 험난한 세상에 대한 걱정으로 눈을 편히 감지도 못한다. 따라서 부모가 행복한 노후 생활을 하려면 아이의 자립심을 키워줘야 한다. 아이가 자신의 모습을 스스로 깨달아 자기 자신으로 당당하고 떳떳하게 살 수 있도록 자립심을 갖게 해주어야 한다.

아이의 자립심을 키우기 위해서는 첫째는 자기 일을 스스로 하도록 해야 한다. 조금만 힘들어도 부모가 해주다 보면 아이들은 의존심이 커진다. 따라서 자기 일은 자기가 하도록 습관을 들여야 자립심을 키울 수 있다. 둘째는 준법정신을 기르는 일을 해야 한다. 준법정신은 모든 일을 부모에게 의존 할 것이 아니라 법을 지키며 살아야 한다는 것을 알게 하여 자율성을 키울 수 있다. 셋째는 부모는 자식을 어려서부터 강하게 키울 줄 알아야 한다. 강하게 키워 웬만한 어려움은 혼자 극복할 수 있도록 가르쳐야 한다.

근검절약 정신을 가르친다.

옛말에 "부자 삼대 못 간다"는 말이 있다. 부모가 열심히 돈 모아 자식에게 물려주었는데 그다음 세대는 아쉬운 줄 모르고 쓰기만 할 줄 알았지 버는 능력은 고사하고 관리 능력마저 없어서 재산이 탕진되는 것을 빗댄 말이다.

필자 주변에도 부유한 집안에서 태어나 부모로부터 유산을 수십억 받았음에도 물 쓰듯 펑펑 돈을 써대다가 완전히 거덜나 비참한 생활을 하는 사람을 볼 수 있다. 아마도 부모는 "충분한 유산을 물려주었으니까 자식이 잘 살겠지"라며 눈을 감았을지 모른다. 하늘나라에서 이 사실을 안다면 죽어서도 마음이 편하지 않을 것이다. 지금 "막대한 유산만 물려주면 부모의 역할을 다했다." 라고 생각하는 부모가 있다면 심각하게 반성해 봐야 한다.

예전에 학교의 분실물 보관소에 가면 쓸 만한 물건이 아주 많은 데도 찾아가지 않아서 그냥 쌓여있는 경우가 많다는 신문 기사를 본 적이 있다. 물건을 찾아가지 않는 이유는 잃어버린 물건을 사달라고 하면 가정에서는 그냥 사주기 때문에 굳이 헌 물건을 찾을 필요가 없다는 것이다. 요즘은 더 심해져서 만 원짜리 책 한 권 사는 데는 벌벌 떠는데 향락에는 10만 원을 아끼지 않는 사람들이 많다. 세계에서 음식물 쓰레기가 가장 많은 나라도 우리나라다. 점차 국가 전체적으로 근검절약이라는 단어를 찾아보기 어려워지고 있다.

스위스는 1인당 국민소득이 세계에서 가장 높은 부유한 나라이다. 스위스는 우리에게 알프스를 연상케 하고 산들이 많다는 것과 관광지, 그리고 정밀 시계공업이 발달해 있다는 것, 작은 면적과 적은 인구를 가진 나라로 널리 알려져 있다. 사실 따지고 보면 스위스가 잘 살 만한 근거는 많지가 않다. 이제는 별 신통치 않게 느껴지는 시계공업이 스위스를 오늘날 그토록 잘 살게 한 큰 원인으로서의 역할을 다했다고 볼 수도 없다. 게다가 관광산업이 월등하다고 해서 세계 1위의 부를 가져올 만큼 막대한 영향을 끼치지는 않는다. 스위스의 국민소득이 세계 최고가 될 수 있는 힘은 다름 아닌 국민의 근검절약 정신에 있다고 감히 강조하고 싶다.

오늘날 많은 선진국이 그런 부를 누릴 수 있는 힘은 무엇보다도 부지런히

 공부하는 부모가 공부 잘하는 자녀를 만든다

일하면서 아끼고 절약하는데서 비롯된 것이다. 부유한 나라를 살펴보자면 특별히 천연자원이 풍부해서도 아니고, 본래 우수한 두뇌를 가져서도 아니다. 아주 작은 것 하나에서부터 시작해 넘쳐나는 것에 이르기까지 소홀히 하지 않고 철저히 아끼고 절약하는 정신이 배어 있다는 걸 알 수가 있다.

자본주의 국가의 장점 중 하나는 부지런히 일하고 절약하는 생활을 한다면 누구든지 부자가 될 수 있다는 것이다. 노인들이 수십 년 동안 채소나 떡을 팔아 모은 돈 몇억 원을 대학교에 장학금으로 기부했다는 보도를 심심치 않게 접할 수 있다. 도무지 이해가 가지 않을 법도 하지만 결국 그것이 근검절약으로 가능했다는 해설기사를 읽어 본다면 실감할 수가 있을 것이다. 부자가 되는 것에 앞서 근검절약하는 습관을 익히는 자가 진정한 성공인이다. 내일은 오늘을 어떻게 사느냐에 달려 있고 앞으로 10년 후는 지금으로부터 10년을 어떻게 살아가는가의 결과이다. 열심히 일하면서 근검절약만 해도 큰 부자는 못 되어도 작은 부자는 될 수 있다. 따라서 자녀에게 근검절약하는 정신을 가르쳐야 한다.

건강하게 길러준다.

옛말에 "돈을 잃으면 조금 잃은 것이요, 명예를 잃으면 많이 잃은 것이다. 그러나 건강을 잃으면 전부를 잃은 것이다." 라는 말이 있다. 그만큼 건강이 중요하다는 것을 의미한다. 따라서 우리가 자녀의 성공보다 더욱 힘써야 할 일은 자녀를 건강하게 키우는 일이다. 이것은 인간이라는 완성품의 기초공사를 하는 것과 같다. 그런 점에서 가정교육은 자녀가 평생을 살아가는데 건강에 대한 기초공사에 해당한다고 할 수 있다. 건물을 지을 때 기초공사가 튼튼해야 그 건물이 제대로 서는 것과 마찬가지로 인간을 키울 때도 기초공사가 튼튼해야 하는데, 이는 가정에서 건강을 유지하게 관리해줌으로써 가능한 것이다.

예전에는 먹을 것이 없어서 영양실조가 최고의 병이었지만 지금은 먹을 거리가 풍부하여 먹어서 생기는 병이 많다. 그러다 보니 어린이들이 비만으로 인하여 당뇨증세는 물론 각종 암으로 일찍 세상을 떠나는 경우도 있다. 따라서 아이들이 성공을 향하여 힘차게 전진할 수 있도록 가정에서는 자녀의 건강관리에 각별한 관심을 두어야 한다.

🌱 삶의 지혜를 길러주자.

우리가 가정교육에서 힘써야 할 일 중에 하나가 아이의 지식을 가르치기 보다는 지혜를 길러 주는 일이다. 지식이란 여러 가지 많은 정보를 알고 있는 상태를 말한다. 그러나 이에 비해서 지혜란 그러한 정보를 활용할 줄 알고 또 정보를 만들어 내는 능력을 말한다. 다시 말하면 지혜를 사고력 또는 문제해결력이라고 할 수 있다. 무엇을 생각할 수 있는 능력, 판단할 수 있는 능력, 추리할 수 있는 능력, 혹은 무엇을 창조할 수 있는 능력, 문제를 해결하려는 능력, 이런 것을 지혜라고 할 수 있다.

그렇다면 이런 지혜를 길러주기 위해서는 어떻게 해야 할까?
첫째는 모든 자녀에게 생각할 수 있는 경험과 기회를 제공해 주는 것이

 공부하는 부모가 공부 잘하는 자녀를 만든다

필요하다. 지혜란, 오직 생각해 보는 경험을 통해서만 길러질 수 있기 때문입니다.

둘째는 호기심을 자극하고 충족시켜 주는 일이다. 인간이 동물과 다른 가장 큰 능력은 학습능력이다. 학습능력은 호기심에서부터 시작한다. 그러므로 새로운 것에 대해서 호기심을 가지도록 하고, 그러한 호기심이 적절히 충족되도록 해야 할 것이다.

셋째는 미지의 세계를 마음껏 탐구하게 해야 한다. 아이들에게는 아직 알지 못하는 세계가 너무 많다. 그래서 새로운 것을 탐구하려는 의욕이 강하고 호기심이 많다. 그만큼 어린 시절이나 청소년기에 자유롭게 미지의 세계를 탐색하도록 하는 것이 중요한 것이다.

우리 아이에게는 어떤 직업이 좋을까

7

자식을 가르쳐라 [訓子]

훈(訓)은 가르친다는 뜻이고, 자(子)는 자식이라는 뜻이다.
이 편은 모두 10장으로 구성되어 있으며
부모는 반드시 자식을 가르쳐야 한다고 강조하고 있다.

1. 경행록(景行錄)에 이르기를, 손님이 찾아오지 않으면 집안이 속되어지고,
   시서(詩書)를 가르치지 않으면 자손이 어리석어진다.
2. 장자(莊子)가 말하기를, 일이 아무리 사소해도 실제로 하지 않으면 이룰 수가 없고,
   자식이 아무리 똑똑해도 가르치지 않으면 현명해지지 않는다.
3. 한서(漢書)에 이르기를, 한 상자의 황금을 자식에게 물려주느니
   경서 한 권을 가르쳐 주는 게 낫고,
   천금의 돈을 자식에게 전해 주느니 재주를 하나 가르쳐 주는 게 낫다.
4. 최고의 즐거움은 책 읽는 즐거움이고,
   무엇보다 중요한 일은 자식을 가르치는 일이다.
5. 여형공(呂榮公)이 말하기를, 안으로는 어진 부모 형제가 없고,
   밖으로는 엄한 스승과 친구가 없이 뜻을 이룰 사람은 드물다.
6. 태공(太公)이 말하기를, 남자 아이가 가르침을 받지 못하면
   자라나서 반드시 미련하고 어리석게 되고,
   여자 아이가 가르침을 받지 못하면 자라나서 반드시 거칠고 솜씨가 없게 된다.
7. 남자 아이가 자라거든 풍악과 술을 익히게 하지 말고,
   여자 아이가 자라거든 밖으로 놀러다니게 하지 마라.
8. 엄한 아버지가 효자를 길러 내고, 엄한 어머니가 효녀를 길러 낸다.
9. 아이를 사랑하거든 매를 많이 주고,
   아이를 미워하거든 먹을 것을 많이 주어라.
10. 세상 사람이 모두 구슬과 옥을 사랑하지만,
    나는 자손이 어진 것을 사랑한다.

《명심보감》 제10편 훈자 편

직업 선택에는 전략이 필요하다.

현대는 경제적인 여유를 위해서, 또는 자아실현을 위해서 누구나가 직장을 선택해야만 살아갈 수 있다. 인생에 있어서 첫 직장은 '사회'에 첫발을 내딛는 것으로 여러 선택의 순간에서도 특히 가장 중요한 것이라고 할 수 있다. 왜냐하면 직업과 직장의 첫 선택은 자기의 인생을 크게 좌우하기 때문이다. 자기의 꿈과 희망을 실현할 수 있는 직장을 얻을 수도 있고 자기가 원하지 않는 일을 하면서 평생을 살아가야 할 수도 있기 때문이다. 더러는 직업을 구하지 못하여 평생 고민 속에서 자신 없는 세상을 살기도 한다. 따라서 첫 직업이나 직장의 선택은 자신의 인생을 결정하는 중요한 첫 걸음이라 할 수 있다.

요즘처럼 변화가 심한 국내외 경제 상황하에서, 장래를 맡길 기업을 찾아내는 일은 쉽지 않다. 따라서 자기가 원하는 직장이나 직업을 찾기 위해서는 자신에 대하여 완벽하게 적성을 파악하고, 회사에 대한 많은 정보를 수집하여, 많은 준비를 하여야만 가능하다. 자신의 미래를 아름답게 살고 싶다면 자신의 직장을 타인의 선택에 맡기거나 단순한 평판을 기준으로 취업을 결정하는 일은 삼가야 하겠다.

한 채용정보 업체가 개인회원을 대상으로 최근 5년간 이력서 지원 횟수를 조사한 결과, 5,000회 이상 이력서를 낸 대졸 구직자는 총 2명이었고, 석·박사 학력 소지자 가운데 이력서 최다 지원자는 1,573회로 나타났다. 전문

대졸자 가운데 최다 이력서 지원 구직자는 2,058회였다. 지난 5년 동안 500회 이상 이력서를 지원한 구직자는 모두 322명이었다. 1만 회 이상 이력서 지원자가 1명, 5천 회 이상 2명, 1천~4,999회 56명, 7백~999회 94명, 5백~699회 169명 등이었다.

또한 이력서 500회 이상 지원 구직자 중 대졸자가 59.6%로 가장 많았고 전문대졸자가 20.8%, 고졸자가 11.5%, 석·박사가 2.5%로 뒤를 이었다.

2004년 4월 말 현재 통계청이 발표한 자료에 의하면 81만 명을 헤아리는 실업자 가운데 청년실업자는 약 38만 명에 이르고, 청년실업률은 7.6%를 차지했다. 또한, 2004년 4월 당시 전문대학 졸업생의 취업률이 76.4%인데 비해 4년제 대학 졸업생의 취업률은 56.0%에 불과하여 국가 인적자원 정책 측면에서 고급인력을 공급하는 4년제 대학의 기능과 역할에 대한 문제가 제기되고 있다.

그만큼 취업이 어려운 현실을 반영하고 있다. 꿈이 없는 자녀는 목표도 없으므로 시간을 낭비하면서 보내게 된다. 그렇다고 우리 자녀를 취업을 안 시킬 수는 없다. 반듯한 직장에 취업해야 부모 된 입장에서 마음이 편하게 살 수 있기 때문이다. 그러나 어린 자녀는 직업의식이 막연하기 때문에 직업에 대한 강한 의사를 갖고 있지 않다. 따라서 부모는 자녀의 특성을 파악하여 무슨 직업이 맞을지, 그 직업이 미래에도 유망한 지를 알고, 자녀에게 권해야 할 것이다.

그리고 그 직업을 바탕으로 학력을 보충하거나 전문적인 능력을 키워 직업선택시 요구되는 최소한의 조건에 맞추어야만 이력서를 제출할 수 있다.

적성은 중요하지 않다.

적성(適性)은 어떤 일에 대한 개인의 적응능력 또는 어떤 사물에 알맞은 성질을 말한다. '알맞은 성질'을 제대로 아는 것이 적성을 아는 것이 되고, 나아가 그 적성을 알아야 그에 따른 올바른 진로를 선택할 수 있을 것이다. 여기서 말하는 '알맞은 성질'이란 "천부적으로 타고난 성질"을 의미한다고 보는 것이 타당할 것이다.

지구상에 존재하는 모든 생물체는 천부적으로 생존을 위한 독특한 성격과 감각을 타고났다. 개인마다 생긴 모양이 다르듯이 천부적인 성격도 다르게 타고난다는 사실은 매우 중요한 의미가 있다. 이런 천부적인 성격을 무시한 채 선망의 대상이 되는 직업을 갖기 위해 또는 부모의 뜻에 따라 진로를 선택하는 것은 매우 위험한 일이라고 생각하여 적성검사를 애용하고 있다. 우리는 학창시절 적성검사라는 것을 통해 자신이 그 학과에 맞는가의 여부나 또는 장래 자신의 적성에 맞는 직업을 찾고 있다. 그런데 언어·수리·외국어 등의 영역문제를 풀어서 테스트한 결과로 가장 적합한 직업을 찾아준다. 문제는 적성검사는 직업을 100% 정확하게 연결해 주는 것이 아니라 직업군이나 분야를 알려준다는 것이다. 이러한 적성검사를 가지고 고등학교, 대학교, 직업에 대한 진로를 결정하는 데 약방의 감초처럼 사용하고 있다. 그러나 적성검사를 통한 진로지도가 예전부터 있었지만, 원하지 않는 대학의 학과를 성적에 맞추어 가는 경우가 많다. 더욱이 대학을 졸업한 직장인들을 대상으로 한 설문조사에서 전공과 관련된 일을 하는 사람은 30%도

안 된다는 결과를 나타냈다. 이것이 시사하는 것은 적성이라는 것이 있는지 모르겠지만 뜻밖에도 적성과는 상관 없는 대학으로 진학하거나 직장에 취업하는 경우가 많다는 것이다.

필자도 적성은 배부른 사람의 선택이라고 생각한다. 배고픈 사람은 적성이고 뭐고를 따질 수 없다. 공부 잘하는 사람이야 어떤 대학의 학과도 골라 갈 수 있으며, 능력 있는 사람이야 얼마든지 좋은 직장을 골라 갈 수 있다. 그러나 공부 못하는 사람은 어떤 대학의 학과도 골라 갈 수 없으며, 능력 없는 사람은 일 할 수 있는 직장만 있어도 감지덕지한 것이다. 따라서 적성검사는 능력 있는 사람들의 전유물일 수도 있다. 실제로 적성과는 상관없이 성공하는 사람들도 많다는 것을 알아야 한다.

필자도 고등학교 교사를 하면서도 컴퓨터분야, 요리분야, 자동차분야, 전자분야, 통신분야, 여행분야, 기계분야, 교육분야, 서비스분야 등 다양한 공부를 하였고 해당 분야의 일을 해보았다. 하지만 어떤 분야가 적성에 맞는지를 몰랐다. 상황에 따라 해야 하는 일이라고 생각하고 최선을 다해서 하다 보니 지금에 이르게 된 것이다. 필자는 적성이 중요한지 모르겠지만 적성을 너무 고려하게 되면 자기에게 좋은 일만 찾게 되고 그러다 보면 아무 일도 할 수 없게 될 수 있다는 생각이 든다.

🌱 미래를 읽으면
　유망 직업이 보인다.

직업의 사전적 의미는 '경제적 소득을 얻거나 사회적 가치를 이루기 위해 참여하는 계속적인 활동' 을 말한다. 넓은 개념으로 커리어(Career)로 모든 일 즉, '보수나 시간에 관계없이 한 인간이 평생 하는 일의 총체' 라고 할 수 있다. 좁은 의미는 오큐페이션(Occupation)으로 '반드시 보수가 지불되는 일을 하는 것' 을 말한다. 또한 잡(job)이라고 해서 '직업의 최소 단위' 로 나눌 수 있다.

　과거 농경사회에서의 직업은 주로 농업과 관련된 직업만 있었지만, 18세기 영국의 산업혁명 이후 과학기술의 발달로 산업구조가 공업 위주로 변했고 다시 생산적 서비스업의 비중이 높아졌으며 최근에는 우주공학, 유전공학, 컴퓨터, 반도체공학 등 첨단산업이 고도로 발달하는 정보 산업시대로 변하고 있다. 이처럼 직업은 시대의 구조와 발달 단계에 따라 그 종류도 다양화·전문화·세분화되고 있다. 오늘날 급진적인 사회 변화 속에서 학생들이 슬기롭게 대처할 수 있고 전체적 삶의 세계를 이해할 수 있는 효과적인 진로 프로그램이 요청된다. 과거의 단순한 직업구조와 달리 현재 사회에서 직업의 종류와 수는 약 2~3만여 종이 존재하고 사회의 변화에 따라 새로 생겨나기도 하고 없어지기도 한다. 전문가에 의하면 현존하는 직업의 25%가 25년 전에는 없었던 직업이고, 2000년대 이후에는 현존하는 직업의 50~70%가 없어지고 새로운 직종으로 많이 바뀌게 된다고 한다.

　이러한 시대에서 '과연 우리는 어떤 직업을 갖는 것이 좋을까?', 또한

'어떤 직업관을 가지고 살아야 평생을 행복하게 살 수 있는가?' 가 우리에게는 중요한 이슈라고 할 수 있다.

미래학자들은 앞으로 현존하는 직업의 많은 수가 없어지고, 과학과 문명의 발전에 따라 그보다 많은 수의 새로운 직업이 생겨나게 된다고 한다. 비단 과학과 문명의 발달만이 직업의 생성과 소멸에 영향을 끼치는 것이 아니라 새로운 기술과 기계의 도입, 새로운 상품과 서비스가 등장하면서 기존 직업을 변화시키며 새로운 직업이 생겨나고 없어진다. 따라서 직업의 선택 시 중요한 것은 미래를 읽는 눈이 있어야 하는 것이다.

미래는 평생직장은 사라지고 평생직업이 남는다

미국은 평생 직장을 6~7번 정도 바꾸는 반면에 우리나라는 아직 3-4번 정도라고 한다. 이제 수명의 연장으로 우리에게 평생직장의 의미는 사라졌다. 평생직장을 대신하여 평생직업이 강조되는 사회에 살고 있는 것이다. 평생직업이란 직장을 옮긴다 해도 특정 업무에 평생 종사하는 것을 말하며, 이러한 시장에서 살아남는 평생직업인의 특징은 관련 업무에 과한 지적재산이 풍부하고 창의성을 가진 사람이라고 할 수 있다.

단순직업은 감소하고 전문직은 늘어난다.

단순한 노동이나 사무는 기계의 발달과 사무자동화로 인하여 점차 사라지는 직업이 되고 있다. 따라서 변화하는 세상에서는 고도의 전문적인 직업 능력이 필요한 업종만이 살아남을 것이며 그런 직업의 사람이 우대받는 세상이 올 것이다. 이와 아울러 기계문명이 해결할 수 없는 문화나 예술 같은 부분도 크게 성장하리라 예측된다.

인터넷의 발달은 점차 시간과 공간의 제약을 줄여 주고 있다. 따라서 경제 활동도 오프라인에서 보다는 인터넷을 이용한 사이버 공간을 통해 많은 기업의 생산·판매 활동이 점차 증가하고 있다. 결국 이러한 사이버 시장의 확대는 사이버 관련 직업이 더욱 많이 출현할 것을 예고하고 있으며, 사이버 공간이 직장인 직업이나 재택근무가 가능한 직업이 늘어날 것이다.

인간 수명의 연장은 사회를 급속하게 노령사회로 몰아가고 있다. 또한 생활의 여유가 증가하면 사람들은 잘 먹고 잘 사는 일에 관심을 두게 된다. 요즘 참살이(Well-bing)에 관련된 일이 불경기 속에서도 호황을 맞고 있는 것처럼 앞으로의 사회는 건강과 참살이에 관련된 레저 스포츠, 건강, 예술, 문화, 외식업 분야 산업의 수요가 증가할 것으로 예상한다.

좋은 직업을 갖게 하려면 부모가 먼저 알아야 한다.

모든 직업은 장단점이 꼭 있어서 절대적으로 좋거나 절대적으로 나쁜 직업은 없다. 뿐만 아니라, 각 개인이 어떻게 생각하느냐에 따라 직업의 특성은 장점이 될 수도 있고 단점이 될 수도 있다.

예를 들어, 어떤 사람은 우유 배달을 아침 일찍 해야 하므로 그것이 큰 단점이라고 할 수 있다. 반대로 '우유를 배달시켜 먹는 사람보다 우유를 배달하는 사람이 더 건강하다' 라는 말처럼, 우유 배달은 아침 일찍 운동을 겸해할 수 있으므로 어떤 사람은 그것이 큰 장점이라 여길 수도 있다. 따라서 직업의 좋고 나쁨은 개인에 따른 상대적인 개념이지 절대적인 개념이 아니라는 것이다. 또, 나의 모든 것을 충족시켜 줄 수 있는 직업은 없으므로 내가 바라는 우선순위를 설정하고 상대적으로 그 요인을 가장 잘 충족시켜 줄 수 있는 직업을 고려해야 한다.

직업은 우리의 삶에 중요한 역할을 한다. 우리는 평생 어떤 형태로든 직업과 관련된 삶을 살아갈 수밖에 없으며, 직업을 통해 생계유지 뿐만 아니라 사회적 역할을 수행하며 자아실현을 이루어 간다. 어떤 사람은 직업을 통해 삶의 보람과 긍지를 맛보며 만족스러운 삶을 살아가는 반면에 어떤 사람은 직업을 잘못 선택하여 평생을 후회와 한탄으로 보낸다. 정말 좋은 직업이란 사람의 개성이나 취향에 따라 다를 수밖에 없다. 그러나 보편적으로 다음과 같은 직업이 좋은 직업이라 할 수 있다.

자기의 적성에 맞는 직업

옛말에 평안감사도 자기가 싫으면 의미가 없다고 했다. 아무리 금전적으로 풍족한 수입을 보장하는 직업이라 해도 자신의 적성에 맞지 않는 일은 즐겁지가 않을뿐더러 스트레스를 갖게 되어 건강한 삶에 지장을 가져다준다. 따라서 그 무엇보다 중요한 것은 바로 적성에 맞는 일을 하는 것이다. 적성에 맞는 일이야말로 자기가 하는 일에 자부심을 느끼는 것은 물론 인생을 즐겁게 살 수 있는 가장 중요한 직업이라 할 수 있다.

성격의 유형에 따라 잘 맞는 직업이 있다. 성격에 따라 직업을 가지게 되면 항상 즐거운 마음을 가지고 직업에 임하여 자신의 행복한 삶을 영위하면서 직업 생활을 할 수 있다.

〈표-1〉 성격의 유형에 맞는 직업

성격 유형	특 성	분 야	직 업
사교형	언어 능력이 뛰어나고, 남 앞에 나서기를 좋아함.	정치, 교육, 개인 사업 등	외교관, 사업가, 교육자, 목사, 임상 심리학자 등
활동형	신체적인 활동을 좋아하는 성격	개인 사업, 운송업, 판매업, 낙농업 등	비행사, 사회 사업가, 판매원, 운전기사, 낙농가 등
내성형	혼자 생각하고 활동하는 것을 좋아하는 성격	문학, 예술, 디자인, 과학 등	디자이너, 이용사, 사진 작가 등
사고형	문제를 깊이 생각하기를 좋아하는, 추상적이고 논리적인 성격	과학, 역사학 등	물리학자, 인류학자, 화학자, 수학자, 생물학자 등
강인형	운동 신경이 발달했고, 의지력이 강한 성격	스포츠, 항공 운송, 해상 운송 등	선장, 비행사, 항해사, 운동선수 등
담대형	모험을 좋아하는 두려움이 없는 성격	여행, 항해, 비행 등	등산가, 탐험가, 항해사, 선장, 기관사 등
안정형	책임감이 강한 성격	행정, 통계학 등	은행원, 통계학자, 출납원, 행정 보조원, 아나운서 등
예술형	상상력과 창조성이 풍부한 성격	문학, 음악, 미술, 연극 등	시인, 소설가, 음악가, 화가, 극작가, 연출가 등
냉담형	객관적으로 관망하며, 치밀하게 계산하는 성격	정치, 공직, 요리, 의료 등	의사, 정치, 군인, 사회자, 검사, 경영주변호사, 경찰, 요리사, 간호사

성격 유형	특 성	분 야	직 업
흥분형	다혈질이라 감정의 폭발이 쉬운 성격		응원단장
순종형	유순하면서 예의 바른 성격	사무	회사원, 공무원, 수위
독립형	강한 의지로 독자성 발휘하는 성격	개인 사업, 농업 등	사업가, 기자, 편집인, 낙농가, 약사
민감형	신경과민으로 감정이 앞서는 성격	경찰, 예술 등	형사, 연출가, 배우
행동형	왕성한 에너지와 공격적인 성격	항공, 봉사, 농업 등	비행사, 사회사업가, 농부, 낙농, 운전사
고독형	공상적이며 표현하기 싫어하는 성격	예술	작가, 화가
태평형	여유 있고 낙관적인 성격	농업	농부, 농장 경영인
지배형	강력한 통솔력과 독선적, 명령적인 성격	정치, 리더 등	정치, 군인, 사회자, 경영주

생계를 유지하기에 충분한 수입을 가져다주는 직업

인간이 자본주의 세상을 살아가려면 아무리 속세를 떠나 산다고 해도 금전적인 문제를 해결하지 않고는 살 수가 없다. 간단한 의식주를 해결하기 위해서도 최소한의 금전은 필요하다. 이러한 금전을 제공하는 것이 바로 직업이기에 의식주를 해결하는 데 충분한 수입이 보장되는 직장, 나아가 노후의 생활까지도 책임질 수 있을 만큼의 수입이 보장되는 직업이라면 더할 나위가 없다.

평생직업으로 정년을 보장받는 직업

직업은 오랫동안 가지는 것으로서 의미가 있다. 보수나 적성에 맞는다 해도 그 일을 얼마 하지 못한다면 다른 직장을 구하기 위한 정신적인 부담이 커져서 제대로 업무를 해 나가기 어렵다. 따라서 보수는 좀 적더라도 정년이 긴 직장일수록 발전은 적지만 마음의 안정을 가지고 근무할 수 있다. 그래서 오늘날 공무원이 일반 직장보다 정년이 길어 인기가 많다.

신변의 안전이 보장되는 직업

직업에는 사무실 같은 환경에서 일하는 경우도 있지만 때로는 피치 못하게 이라크와 같이 전쟁터에서 죽음을 담보로 일을 해야 할 때가 있다. 물론 나름 개인적인 사정이나 국가적인 필요성 같은 명분이야 있겠지만 굳이 안전한 직장을 구할 수 있는데도, 신변의 안전이 보장되지 않는 직업을 선택하는 것은 그리 현명한 처사가 아닐 것이다.

직업에 대한 자긍심을 가질 수 있는 직업

점차 직업의 귀천이 사라져간다고들 한다. 그러나 아직까지 우리 사회에서 선망하는 직업은 남아있다. 개인적으로야 무슨 일을 하든 문제가 없지만 문제는 부모나 배우자, 자녀까지도 자긍심을 가질 수 있는 직업이냐는 것이다. 물론 자신의 긍지가 제일 중요하겠지만 직장을 마음대로 선택할 수 있는 사람이라면 주변에서 자긍심을 느낄 수 있는 직업을 선택하는 것이 좋다.

사회적으로 봉사할 수 있는 직업

일에는 금전적인 수입과 함께 보람이 따른다. 보람있는 일이란 나의 수고에 의하여 타인들이 기쁨을 느낄 수 있는 일일 것이다. 그러한 일이 바로 남에게 봉사할 수 있는 일이다. 이러한 일은 공무원뿐만 아니라 사회 복지사들도 어려운 여건 속에서 지역 주민들을 위한 봉사활동을 통해 보람감 하나로 업무를 추진하고 있다.

충분한 여가와 자유가 보장되는 직업

요즘 대기업들은 생존경쟁이 치열하다. 직장 내에서는 승진이나 퇴직당하지 않으려고 생존경쟁을 벌인다. 시키지 않아도 회사에 남아 일을 하기도 하고 자기의 발전을 위하여 주말에도 회사에 출근하기도 한다. 자의적인 여가의 반납은 나름대로 보람있는 일이지만 회사의 규정에 의하여 어쩔 수 없이 늦게 퇴근하거나 쉬는 날이 없는 직장은 사람을 금방 지치게 만든다. 생산성이 높으려면 휴식도 중요하다. 그리고 요즘은 직장 선택에서 중요하게 작용하는 것이 바로 근무 시간이나 근무 일수다. 건강하고 즐거운 참살이 삶을 살려면 근무 시간이나 근무 일수가 짧은 직업이 좋다. 그래서 교사와 같이 방학이라는 긴 휴가를 얻는 직업을 선택하려는 사람이 늘고 있다.

성취감을 맛볼 수 있는 직업

어떤 직업은 일 년 내내 온 종일 작업라인에서 한 가지 부품을 정해진 위치에 꽂는 일만 하는 직업이 있다. 기계와 같이 단순한 일만 하는데 딱 맞는 사람이 있지만 인간은 단순한 일만 계속하면 지루해지기 십상이다. 따라서 어떤 업무를 수행하고 나서 느끼는 성취감이야말로 오랫동안 그 업무를 담당해도 싫증 느끼지 않도록 하는 원천이 될 수 있다.

🌱 좋은 직업을 갖게 하려면 아이를 정확히 파악해야 한다.

어떤 일이든 시작하려면 자기 자신을 정확히 파악해야 할 수가 있다. 자기 자신을 정확히 모르고 출발하는 것은 목표를 잃고 방황하기 쉽다. 마찬가지로 자녀에게 좋은 직업이나 직장을 갖게 하기 위해서는 자녀의 상황이나 수준을 정확히 파악해야 한다.

 자녀의 상황이나 수준을 정확히 파악하기 위해서는 자녀의 상태와 환경을 종합적으로 분석해야 한다. 그러나 단순한 생각만으로 자녀를 분석하다 보면 주관적으로 분석하기 때문에 객관적인 사실과는 다른 내용으로 분석할 수도 있다. 특히 자녀에 대해서 부모가 갖는 편견이나 고정관념 때문에 똑똑하다고 생각하는 자녀는 더욱 똑똑한 것으로, 공부 못하는 자녀는 더욱 능력이 없는 것으로 생각하기 쉽다. 따라서 객관적 분석이 필요한데 이러한 객관적인 분석을 위해서 필요한 것이 SWOT 분석이다.

 스와트(SWOT)는 원래 마케팅에서 주로 사용하는 방법으로 강점 (Strength)·약점(Weakness)과 환경의 기회(Opportunity)·위협(Threat) 등의 단어에서 영문 머리글자를 따서 만든 것이다. SWOT 분석은 단어의 뜻 그대로 자신의 능력에 대하여 강점·약점을 분석하고 환경의 기회·위협을 분석하는 것이다.

 자녀의 강점요인으로, 자녀의 장점은 무엇인가?, 자녀의 가치는 높은가?, 자녀의 능력은 있는가?, 시간적으로 여유가 있는가?, 자녀의 능력은 무엇인가?, 자녀가 잘할 수 있는 것은 무엇인가?, 자녀가 잘하는 것은 무엇인가? 등을 분석하는 것이다. 반대로 자녀의 단점요인은 강점 분석 사항 중에서 그렇지 못한 반대 부분을 분석하는 것이다.

기회요인으로, 사회 변화는 어떤가?, 발전 가능성이 높은 직업은?, 자녀의 적성과 특성은? 등으로 자녀에게 찾아온 기회요인을 분석하는 것이다. 반대로 위협요인은 기회요인 사항 중에서 그렇지 못한 부분을 분석하는 것이다.

자녀의 강점과 약점을, 환경의 기회와 위협을 대응시켜 자녀의 직업 목표를 달성하려는 SWOT 분석에 의한 직업 전략의 특성은 다음과 같다.

① SO 전략(강점-기회 전략): 환경의 기회를 활용하기 위해 강점을 사용하는 전략을 선택한다. ② ST 전략(강점-위협 전략): 환경의 위협을 회피하기 위해 강점을 사용하는 전략을 선택한다. ③ WO 전략(약점-기회 전략): 약점을 극복함으로써 환경의 기회를 활용하는 전략을 선택한다. ④ WT 전략(약점-위협 전략): 환경의 위협을 회피하고 약점을 최소화하는 전략을 선택한다.

SWOT 분석의 예

Strength(강점)	Weakness(약점)
자녀가 일반적인 지식을 많이 안다. 잡기에 능하다. 무엇이든 붙들면 끝장을 본다.	잠이 많다. 인간 관계가 원만하지 않다. 전문분야에 대한 지식이 깊지 않다.
Opportunity(기회)	**Threat(위협)**
사회에서 멀티플레이어에 대한 요구 증가 사회가 IT 부분으로 계속 발전하고 있다. 자녀의 취미 분야가 더욱 비중이 높아졌다.	명문 대학을 가기 어렵다. IT 부분이 취약하다. 변화에 민감하게 적응하지를 못한다.

SWOT 분석의 결과 얻어진 것 중에서 전략을 도출하고, 도출된 전략 중

 공부하는 부모가 공부 잘하는 자녀를 만든다

목적 달성의 중요성, 실행 가능성, 차별성을 고려하여 성공할 확률이 높은 것을 중점 전략으로 선정한다. 이러한 자녀와 환경에 대한 분석이 현재 자녀의 위치는 어디이고 자녀가 알아야 할 지식과 가져야 할 목표는 무엇인가를 결정하는 데 도움이 된다.

자녀의 능력이나 상황을 넘는 목표는 자녀에게 도달하기 어려운 직장이나 직업을 선택하게 하고, 자녀의 능력에 모자라는 직장이나 직업은 자녀를 불행하게 만든다. 이처럼 자녀의 좋은 직장이나 직업을 선택하도록 자녀가 바로 나아가게 도와주는 도구가 바로 자녀에 대한 정확한 분석이라고 생각하여도 좋다. 정확한 분석은 정확한 목표를 만들어주며, 목표를 달성하려는 의지를 더욱 효과적으로 만들어주기도 한다. 그러다 보면 여러분은 어느새 자녀의 훌륭한 조력자가 되어있는 것을 체험할 것이다.

기업에 취직하려면 조건에 맞는 경력 개발이 필요하다.

각 기업의 구조 조정과 경영환경이 급변하면서 채용방식도 대규모 공채형식에서 인력을 필요에 따라 수시채용하는 등 직원의 채용방식이 바뀌고 있다. 아울러 훌륭한 인재를 채용하지 못했다든지 혹은 인재의 육성과 능력 개발에 노력을 집중하지 않은 기업은 설혹 일시적으로는 번영을 누릴지라도 장기적으로는 쇠퇴해 간다. 따라서 각 기업은 미래 사회에서 생존하기 위하여 인재의 채용, 육성, 개발을 매우 중요하게 생각하고 있다. 전문가들

도 국제화 시대에서는 훌륭한 인재를 모집, 채용하고 사기 진작을 꾀하면서
그 인재의 육성, 개발에 노력하는 기업만이 성장·발전한다고 한다.

소규모 수시채용 · 상시채용의 보편화

대기업 및 그룹의 해체로 인하여 그룹 차원에서의 대규모 일괄 채용은 점차
사라지고 계열사별 자율 채용제도가 확대되어 전문분야별 소규모 소수채용
이 일반화된 채용제도로 자리 잡아가고 있다. 따라서 기업 차원에서의 홍보
보다는 채용 경비 절감을 위해 인터넷 홈페이지를 통해 홍보하고 채용하는
것이 활성화되고 있다. 채용 경비 절감을 위해서 채용 대행사를 이용하는
빈도도 점차 증가할 것으로 예측되어 채용 대행사업이 활성화될 것으로 전
망하고 있다.

경력사원 선호 증가

기업 차원에서 신입사원 모집은 회사에 적응을 위한 신입사원 적응교육부
터 시작하여 직업능력 개발을 위하여 부단한 연수를 제공해야 한다. 그러나
신입사원의 소수채용으로 인한 업무 교육연수의 어려움에 직면하고 있다.
따라서 이러한 부담을 회사에서 지는 것보다는 애초에 입사 전부터 갖추고
온 사람을 선호하게 된다. 따라서 신입사원보다는 해당 분야의 전문가·고숙
련자를 원하고 있다. 결국, 이러한 변화는 점차 평생직장에 대한 보장이 어
려워져 감을 의미한다. 또한, 장래가 보장되지 않음에 따라 애사심이 저하되
고 인력시장에 언제든지 트레이드하기 위하여 자신의 몸값을 올리려는 생
각을 하게 된다.

계약직, 임시직, 파견직 채용의 활성화

기업에서는 정규직 신입사원의 채용에 따라 기본보수 이외에 다양한 복지 혜택과 함께 노조의 부담을 느끼게 된다. 따라서 기업에서는 정규직 채용보다는 비정규직의 채용을 늘려 상시채용 인건비 절감과 노무관리가 용이해지길 바라고 있다. 그러나 현재 과다한 파견기업이 난립함으로 인하여 노동자들의 과다덤핑 공세가 이루어져 노동의 질이 저하되고 있다. 이러한 노동의 질은 그대로 파견직원의 대우 저하로 이어져 악순환이 계속된다.

채용제도의 권장

인턴사원은 기업 차원에서는 경력사원을 뽑아야 한다는 시대적인 요구에 적응하는 길이며, 구직자의 입장에서는 회사에 적응하는 방법과 전문기술을 배울 수 있는 기회가 된다. 또한, 정부 차원에서도 실업난 완화를 목적으로 적극적인 권장을 하고 있다. 그러나 인턴사원 제도가 미래에 고용을 확실히 보장하는 것이 아니므로 요즘 대학에서 시행하고 있는 맞춤식교육을 통해 취업을 보장받는 인턴사원 제도를 해야 하겠다.

기타 채용 방법의 변화

기업에서는 점차 신입사원보다는 경력이 있는 전문직 채용으로 변화하고 있어서 필기시험이 폐지되는 분위기이다. 따라서 서류심사와 적성검사만으로 채용함으로써 전형방식이 점차 다양화되고 있다.

- 서류심사 강화 - 이력서 (성적, 어학 실력, PC 활용 능력, 자격증, 특기)
- 자기소개서 (가정환경, 학교생활, 성격, 과외활동)
- 적성검사 - 면접시험 강화 (단독, 개별, 집단, 집단 토의, 이색면접)

기업에 성공적인 취업을 위해 준비해야 하는 필수 조건.

인터넷 취업 포털 잡링크(www.joblink.co.kr)가 2004년 1~3월 취직한 대졸 신입 직장인 2,127명을 대상으로 설문 조사를 벌인 결과 "입사에 가장 큰 도움이 되었다고 생각하는 것"은 '실무 경험'이 30.6%(651명)로 가장 많았다. '외국어 및 컴퓨터 능력'은 24.8%(527명), '학연·지연 등 인맥' 18.9%(402명), '학점 및 전공'은 15.7%(334명)', '자격증' 7.4%(157명), '기타'는 2.6%(56명)이었다. 전해 하반기와 비교해 볼 때 취업에 있어 인맥(11.2%)의 영향이 상당히 늘어난 것(7.7% 증가)으로 나타났다. 그리고 특이한 점은 우리가 중요하다고 생각하는 학점 및 전공은 15.7%로 4번째 중요한 것으로 나타났다. 뜻밖에 제일 중요한 것이 실전 경험이라고 한다. 이 설문 결과를 보면 우리가 성공적인 취업을 위해서 무엇을 준비해야 하는가를 알 수 있다.

실무 경험

현재 많은 기업은 인턴십 프로그램을 운영하고 있다. 이는 기업에서 신입사원을 뽑아 그들을 직장에 맞는 인간으로 만드는 수고를 덜기 위함이다. 인턴십 프로그램은 대학교 4학년 학생들에게 여름방학 또는 겨울방학을 이용하여 회사에 출근하게 시켜 실무 경험을 쌓도록 함으로써 취업에 바로 연결하는 기회를 제공한다. 따라서 인턴십 프로그램을 경험하지 못하는 구직자는 자기가 갖고자 하는 직업에 대한 공부와 체험을 통하여 전문성을 가져야 한다. 그렇게 하면 여러분은 조금의 투자를 통하여 평생 원하는 직장에서 일할 행운을 얻게 될 것이다.

외국어

현대를 국제화 시대 또는 정보화 시대라고 한다. 국제화 시대에 살아남기 위해서는 외국어 능력을 향상시켜야 한다. 예전에는 신입사원을 뽑아 사원 교육을 통하여 외국어 능력을 향상시켜주었지만 이제 기업 입장에서는 처음부터 외국어 능력을 완벽하게 갖춘 사람을 원한다. 따라서 요즘 구직자들은 웬만한 대기업에 취업하기 위하여 외국에 어학연수를 1년 정도는 다녀온 것이 기본이고, 토플이나 토익 시험 점수로 자격을 가지려고 한다.

외국어 실력은 하루아침에 쌓을 수 있는 것은 아니다. 외국어 실력은 학과에 관계없이 입학과 동시에 장기간의 계획을 세워서 공부를 해야 하며 취업을 위해서라면 최소한 기초적인 영어회화가 가능하고 토익 500~600점 이상을 취득한다면 자신이 원하는 기업에 원서를 제출하여 무난히 취업을 할 수 있어 소기의 목적을 달성할 수 있을 것이다.

컴퓨터 능력

21세기는 정보화 시대이다. 직장에서의 업무 또한 컴퓨터 의존도가 매우 높은 편이다. 아니 직장에서 컴퓨터가 없다면 업무수행은 불가능할 정도이다. 따라서 취업 준비생이 컴퓨터의 기초적인 능력이 없다면 기업에서의 존재 가치가 없는 것이다.

기업에서 바라는 공통적인 컴퓨터 능력은 일반적인 업무수행에 필요한 OA 수준의 컴퓨터 능력(워드프로세서, 스프레드 시트, 프레젠테이션, 데이터베이스, 인터넷 등) 등을 원하고 있으며 그 외에 업무와 관련된 특수한 프로그램(CAD, CATIA, 포토샵, 일러스트, 각종 컴퓨터 언어 등)이다.

이러한 컴퓨터와 관련된 능력은 숙달된 능력보다는 기초적으로 운용 가능한 능력을 원하고 있다. 왜냐하면, 기업에 따라 같은 프로그램이라 하더라도 기업의 특성에 맞는 기능을 집중적으로 사용하는 경우가 많기 때문이다. 또한, 정보화 능력을 갖췄다는 증표로 컴퓨터 관련 자격증을 서너 개씩 취득해서 취업을 준비하는 것도 좋은 방법이 되겠다.

학연, 지연 등 인맥

우리나라에 외국 기업들이 와서 발을 못 붙이고 망해서 돌아가는 경우가 있다. 이들은 돌아가면서 "한국은 학연과 지연을 떠나서 살 수 없는 나라"라고 한다. 그렇다. 우리는 아직도 든든한 학연과 끈끈한 지연이 필요한 사회에 살고 있다. 다른 요인이야 후천적으로 노력하면 된다고 하지만 학연, 지연은 한번 정해지면 바꿀 수가 없다. 그러나 방법은 있다. 그것은 성실과 노력으로 인맥을 만들어 가는 것이다. 성실과 노력으로 쌓은 인맥이 어떤 때는 학연, 지연보다도 더 든든한 배경이 될 수 있음을 간과하지 말자.

학점 및 전공

학점 및 전공은 업무를 수행하는 데 있어 업무와의 일치도 때문에 회사에서 중요하게 보고 있다. 대부분의 취업기관에서 취업을 위한 서류 제출에 있어서 90%가 성적증명서 제출을 요구하고 있다. 성적이 취업의 당락을 좌우하는 결정적인 요소는 아니지만 당락에 상당한 영향을 미치는 요소 중의 하나이다. 따라서 재학 시절 적절한 성적 관리는 필수 불가결한 것이다. 보통의 중소기업이 원하는 수준의 성적은 평점이 최소한 3.5 이상이 되어야 무난히 취업서류를 제출할 수 있을 것이다.

그러나 오늘날 그러한 전통적인 관념은 깨져가고 있다. 이제는 해당 분야에 전문적인 능력만 있다면 학점 및 전공과는 상관없이 취업이 가능한 경우도 자주 발생하고 있다. 따라서 미래가 보장되지 않는 전공을 했다고 해도 또한 대학생활을 충실히 하지 못해 학점이 나쁘더라도 위에 제시한 내용들을 바탕으로 능력을 업그레이드한다면 언제든 행운의 여신은 당신을 위해 행운의 미소를 보낼 것이다.

자격증

요즘을 "자격증 시대, 자격증 홍수"라고 한다. 쓸모없는 자격증도 많지만 국가 기술 자격증들은 때로는 치열한 취업전선에서 구세주와 같은 역할이 될 수 있다. 실제로 공무원을 뽑거나 대기업에서도 가산점을 부여하고 있다. 따라서 취업이 확실히 보장되지 않았다면 자격증이라도 따서 여러분의 가치를 높여보자. 자격증은 꼭 취업에만 도움을 주는 것이 아니라 여러분의 창업에도 도움을 준다. 도전해 보자, 자격증의 세계로. 자격증은 진실한 것이라 분명히 여러분에게 자신감을 줄 것이다.

따라서 자기가 원하는 기업체에 취업을 원한다면 자격증이 많으면 좋겠지만 최소한 전공과 관련한 산업기사 자격증을 취득하고 그 이외의 PC와 관련한 자격증(WP 2급, PCT, 인터넷 정보검색사 등)은 대학 재학 시절에 취득해 두면 취업전선에는 이상이 없을 것이다.

또한 남녀를 불문하고 요구되는 것이 바로 자동차 운전 면허증이다. 요즈음 여자 지원자라 하더라도 본인의 업무와 관련된 외부 업무라면 회사 소유의 차량을 가지고 자기의 업무를 수행할 수 있어야 하기 때문이다.

기업의 면접 시 질문들을 분석해 보면 많은 기업이 사회 봉사를 한 경험이 있는지에 대해서 질문을 하고 있다. 이는 자기만이 아닌 다른 사람을 위한 배려가 어느 정도인지를 파악하고 회사에서 주어진 업무 이외에 다른 봉사나 시간 이외 업무의 수행이 가능한지를 알아보기 위한 것이다. 따라서 시간이 허락하는 대로 교내외 봉사활동에 참여하는 것도 취업에 많은 도움이 될 것이다.

성공하려면 트렌드를 정확히 읽어야 한다.

트렌드는 원래 경영학에서 사용하던 것으로 소비자의 소비 추이를 말한다. 그러나 오늘날 사회의 전 분야에서 미래를 예측하는데 있어 트렌드에 대한 분석을 먼저 한다. 여기서 사용하는 트렌드에 대한 정의를 다시 내려 보면 자신과 사회 발전의 상호관계성을 살피면서 현재 존재하는 것에 대한 의미를 부여하는 것이라 할 수 있다. 따라서 트렌드는 자신과 미래에 대하여 어느 한 면으로 치우치지 않고 객관적으로 읽어 내는 것이 지식사회에서 성공의 중요한 가치가 될 것이다.

트렌드를 읽는 다는 것은 "나의 능력이나 상황을 정확히 인식한 상태에서 미래 사회의 변화가 어떻게 진행될 지를 알고 그에 대한 대책을 만들어야 하는 것"을 의미한다. 그러나 정확한 트렌드를 읽을 수 있다고 모두 성공하는 것은 아니다. 평범한 사람은 분명히 다가올 트렌드를 이미 알고 있지만 미래를 대처하지 않는다. 이는 개인적으로 성격의 차이에서도 기인하지만 안정적인 현실에 더욱 애착을 가지고 있기 때문에 애써서 힘든 도전을 하지 않기 때문이다.

그러나 멀티플레이어는 다양한 지식을 습득하기 위하여 항상 노력하여 도전이 습관이 된 사람들이다. 따라서 멀티플레이어는 미래 사회에 대처하는 것이 당연한 일이기에 두려워하지 않고 도전한다. 다만 트렌드를 정확히 읽느냐 못 읽느냐에 따라서 멀티플레이어로서 성공하느냐 성공하지 못하느냐의 차이가 생긴다. 실제로 성공한 사람들을 보면 자신에 대해서도 정확히 인식할 뿐만 아니라, 트렌드에 대해서도 정확히 분석하고 그에 대한 대처를 위하여 항상 도전하는 멀티플레이어들이 많다. 그중에서 고승덕 변호사가 아마도 대표적으로 트렌드를 읽는 멀티플레이어라고 할 수 있다.

고승덕 변호사에 대해서는 사람들이 어떤 직업을 가진 사람인지 의아한 사람이 많다. 그도 그럴 것이 고 변호사는 어떤 때는 변호사로서, 어떤 때는 주식의 전문가로서 만나기 때문이다.

그는 두뇌가 뛰어난 멀티플레이어임은 자타가 공인한다. 그는 어려운 시험에서도 항상 승리하는 멀티플레이어였다. 서울 법대 재학 중에 사법 시험에서 최연소로 합격하였으며, 외무 고등고시에서는 차석으로 합격하였으며, 행정 고등고시에서는 수석으로 합격하여 고시 3관왕이 되었다.

고 변호사는 시대를 정확히 읽고 무엇이 시대를 주도할 것인가 하는 트렌드를 정확히 분석해 내는 사람이다. 그래서 그는 사회의 주류를 이루는 트렌드를 예측하고 그 분야의 전문가가 된 것이다. 그래서 그는 법조인으로 만족하지 않고 증권이 사회의 주류로 등장할 것이라는 예측과 함께 증권에 대한 공부를 깊게 하여 증권업계에서도 고수로 통한다.

증권이야말로 트렌드를 정확히 알아야 수익을 낼 수 있는 분야로 고 변호사의 트렌드를 읽는 능력을 여실히 볼 수 있는 부분이다. 증권업계에서 고승덕 변호사는 "파동이론"으로 대표되는 증시 재야고수이며, 개미들닷컴 사이트의 운영자로 투자전략을 제시하는 주식분석가이다. 또 《고 변호사의 주식 강의》 등 증권 관련 서적 베스트셀러 작가, 케이블 증권전문 방송 인기 강사, 주식·재테크 관련 전문기고가로 활동하고 있다. 일반 운용전문 인력 시험 펀드매니저 과정에 합격하였으며, "고승덕 펀드"를 만들기 위한 걸음 을 재촉하고 있다.

고 변호사는 자신의 성공요인을 "포기하지 않으면 불가능이란 없다." 라 는 말로 대변하고 있다. 포기하는 순간 이미 불가능은 확정되어서 절대로 이룰 수 없다는 것이다. 그리고 그는 "절대로 자신을 남들보다 뛰어나다고 가정하지 말아야 한다." 라는 충고를 전한다. 자신이 남들보다 뛰어나다 하 더라도 자만하지 말고 그들과 자신의 능력이 같다고 생각해야만 노력을 더 해서 그들을 앞서갈 수 있는 확률을 높일 수 있다는 것이다.

고승덕 변호사가 오늘날 이렇게 멀티플레이어로 모든 분야에서 성공하게 된 근원은 바로 열심히 노력했다는 것 밖으로는 설명할 수 없다. 그래서 그 런지 그는 "한 달만 정말 죽으라고 열심히 살아봐라. 그러면 인생이 달라진 다."라고 말하고 있다. 고승덕 변호사는 무엇이든 마음만 먹으면 목표를 달 성하고 마는 진정한 멀티플레이어의 근성을 가지고 있다. 그는 현재의 성공에 여기서 머무르지 않고 세상의 트렌드를 정확히 인식하고 그에 대한 철저한 준비로 지속적인 성장을 이루어 내고 있다.

🌱 미래의 유망 직업,
   이런 것이 뜬다.

미국의 노동부에서 발행하는 《미래의 직업백서》에 보면 앞으로 10만 개 이상의 새로운 일자리가 탄생할 것으로 내다봤다. 또한, 2006년까지 새로 창출될 1,750만여 일자리 중 84.6%인 1,480만 개는 서비스 부문이 차지할 것으로 예상했다. 서비스 분야 중 특히 컴퓨터 관련 직업은 교사직과 더불어 새로 창출될 일자리의 15%를 차지할 것으로 예상했다. 건강서비스 관련 직업에서는 인구의 노령화 현상과 맞물려 가정간호사, 가정보건사 등 신규직업이 영역을 넓혀나갈 전망이다.

최근 일본도 노령화 사회로의 진전 현상이 두드러지고 있기 때문에 노인을 대상으로 하는 실버산업이 크게 번성하고 이에 종사할 간호사, 의료검사 기술자, 물리치료사, 유치원교사, 보육교사, 간병인, 사회복지 상담원, 사회복지시설의 지도간호사 등이 증가할 것으로 보고 있다. 다음으로 인기있는 직종은 일반 사무원, 외판원, 보건의료 종사자, 간병인, 기계 청소원, 요리사, 관광 안내원, 오락장 접객인, 상품 판매원, 식품 및 담배 제조 작업자, 관리직, 사회 복지 관련 종사자, 전자계산기 조작원 등의 순으로 일자리 수가 늘어날 것으로 전망했다.

특이한 경우는 만화산업이 크게 발달한 일본에서 만화가는 70년대부터 젊은이들의 희망직업 순위에서 빠지지 않을 정도로 인기가 있다. 우리나라에서 만화에 대한 관심이 집중하는 것도 일본의 문화가 우리나라에 상당히 큰 영향력을 행사하기 때문이다. 그러므로 일본 사회의 각광받는 직업은 우리나라에서도 각광받는 직업이 될 확률이 높다.

우리의 경우를 보면 먼저 정보 통신 분야에선 정보 제공 서비스나 멀티미디어 분야, 특히 소프트웨어 관련 분야의 일자리가 증가할 것으로 보인다. 시스템 분석가 등 정보 처리 기술자는 수요가 크게 늘어 유망 직종으로 꼽힌다. 그리고 환경 문제가 갈수록 심각해지면서 환경·에너지와 관련한 기술 개발 분야가 각광받고 있다.

인테리어, 코디네이터, 디자이너, 아트디렉터, 스타일리스트 등도 젊은이들에게서 주목받는 직종이다. 반면에 농림·어업직, 중간관리직, 사무직은 농업 생산물 수입 자유화와 사무 자동화 등으로 인해 수요가 계속 감소할 것으로 보인다. 전자상거래의 발달과 가격 파괴 등 기업 간 경쟁이 치열해지면서 판매원 수도 줄어드는 추세다. 그러나 이러한 변화에도 전혀 영향을 받지 않은 직업은 다음과 같다. 물론 이러한 직업은 자격증이 필요하다.

세상이 발달하고 복잡해짐에 따라 신종 직업들이 쏟아져 나오고 있으며 정보화 사회로의 진입은 컴퓨터 관련 직종이 전체 직종의 60%를 차지할 정도로 많이 생긴다는 것이다. 이렇게 시시각각 변하는 세계 속에서 수험생들도 학과를 선택하기에 앞서 유망 직종을 자세히 살필 줄 아는 지혜가 필요하다. 전문가들은 정보, 서비스 분야, 국제화 관련 직종, 첨단 공학 기술직종, 창의성 발휘 직종 등에 주목할 것을 충고하고 있으며 그들이 추천하는 미래

 공부하는 부모가 공부 잘하는 자녀를 만든다

의 유망 직업 관련 학과는 다음과 같다.

- 인터넷 관련 분야 | 인터넷 웹사이트의 광고를 책임지는 웹 판촉프로듀서, 컴퓨터를 통해 3D를 구현하는 가상현실 설계사
- 식물 관련 분야 | 식물의 질병을 진단, 치료하는 식물 치료사
- 캐릭터 관련 분야 | 캐릭터 디자이너
- 의학 관련 분야 | 질병과 생활을 종합적으로 관리하는 운동처방사, 일 중독·과로사 문제를 컨설팅할 여가 조율사, 의학과 심리학을 접목시킨 알콜중독 치료사, 재활치료사
- 외국 관련 분야 | 외교관, 무역 전문가, 국제 법률 전문가, 국제 통상 요원, 신문방송 기자, 경영 정보 시스템 전문가
- 환경 관련 분야 | 환경과학과, 화학과, 대기과학과, 환경공학과
- 음악 관련 분야 | 최근 각광받고 있는 음악치료사에 관심이 있는 학생은 종교음악, 한국음악, 관현악과에 지원, 심리학을 함께 공부하면 좋다.
- 그래픽 디자이너 | 시각디자인, 산업미술, 응용미술학과를 지원할 것.
- 경제 관련 분야 | 지역경제, 금융보험, 국제 경제학과는 외환 딜러나 증권 분석 전문가로 활약할 수 있다.
- 체육 관련 분야 | 경기지도자가 되려면 관광 골프, 사회체육, 경기지도, 체육교육과가 적합하다.

⊙ 미국 잡지 〈머니〉 誌 21세기형 직종

컴퓨터 시스템 분석가, 물리치료사, 심리학자, 직업병 의사, 경영 컨설턴트 등

⊙ 노동부가 뽑은 성장 직업 20가지

증권 거래인, 경영 컨설턴트, 직업 치료사, 전문 비서, 텔레마케터, 법률 사무원, 선물 거래 중개인, 변리사, 특수학교 교사, 직업 상담원, 생물공학 기술자, 환경공학 기술자, 전기공학 기술자, 전자·통신공학 기술자, 시스템 엔지니어, 컴퓨터 프로그래머, 웹마스터, 보안서비스 종사자, 여행 안내원, 번역·통역사

⊙ 노동부가 뽑은 신생 직업 20가지

음악치료사, 전문간호사, 여행설계사, 정보제공자, 웹디자이너, 캐릭터 엠디, 운동처방사, 컴퓨터 중매인, 호스피스(임종을 앞둔 환자 관리), 국제회의 기획·진행자, 학교사회사업가, 장애인 직업능력 평가원, 사이버 기상캐스터, 베타테스터(소프트웨어 오류 파악), 게임 시나리오작가, 인터넷 쇼핑몰운영자, 정보 시스템 감사, 정보 기술 컨설턴트, 컴퓨터 바이러스 치료사, 보안 프로그램 개발원

🌱 상황이 어려울 땐 눈높이를 낮추어야 한다.

정부와 국내외 경제 예측기관들은 다투어 올해 성장률 전망치를 높이고 있지만 수출 호조를 빼고 나면 경제는 여전히 제자리걸음이다. 기업은 투자를 하지 않고 소비자는 주머니를 풀지 않는다. 투자와 소비가 살아나지 않고는 일자리가 늘어날 수 없다. 취업이 어려워지고 실업자는 늘어나고 있다.

미래의 전망 또한 온통 불확실한 것투성이다. 미래를 예측하기 어려우면 모든 것이 불안해진다. 불안하면 기업들은 투자하기 어렵다. 한 치 앞을 내

다보기 어려운 상황에서 거금이 들어가는 투자 계획을 선뜻 결정하는 기업은 없다. 장래에 일자리가 어떻게 될지 모르는 사람이 목돈이 들어가는 내구재를 선뜻 사들이지는 않는다. 정부가 여러 가지 투자 촉진책과 소비 진작책을 내놔도 투자와 소비가 일어나지 않는 이유다. 결국, 지금의 상태가 얼마나 갈지를 모르지만 당분간 취업전망은 그리 밝은 것이 아니다. 따라서 경기가 좋지 않을 때 성공적인 취업을 원한다면 취업에 대한 눈높이를 낮추어야 한다.

눈높이를 한 단계 낮춰라.

처음 직장을 시작하는 사람은 기업의 외형적인 규모만을 가지고 대기업을 선택하기보다는 실질적으로 적성이나 보람을 가지고 오랫동안 근무할 수 있는 중소기업을 선택하는 것도 바람직하다. 재취업을 하는 구직자들은 전 직장에서 받던 보수나 직책에 얽매이지 말고 당장 할 일이 없다면 3D업종이라도 일자리만 주어지면 할 수 있다는 생각이 필요하다.

최신 취업 정보를 수집한다

현대는 정보전이다. 취업 시기를 알지 못한다면 누구나 지원하고 싶은 회사가 있어도 취업하지 못한다. 따라서 취업에 관련된 최신 정보에·대하여 많은 것을 얻도록 노력해야 한다. 각광받는 업종이나 유망 직종, 자격증 등 취업에 직접적 관련이 있는 것이나 면접에 필요한 시사 등에 민감해야 한다. 정보를 많이 가진 사람은 느긋하게 결과를 기다릴 수 있다. 그러나 정보를 갖지 못한다면 취업의 기회를 잃을 수도 있다.

미래를 준비하라.

이제 대학을 안 나온 사람은 드물어 보인다. 대학을 넘어 대학원, 외국 연수가 기본이 되고 있는 실정이다. 따라서 자신만의 특색과 경력을 위하여 많은 준비를 해야 한다. 그중의 하나가 자격증, 어학 실력, 컴퓨터 등 회사에서 원하는 직업 능력을 기본으로 갖춰야 한다. 사회는 전문가가 필요하다. 한 분야만이라도 전문가가 되어야 한다.

기다리지 말고 찾아다녀야 한다.

무한정 취업 시기만을 기다리지 말고 직업을 찾아다녀야 한다. 신문과 인터넷은 물론 주변에 있는 취업정보센터, 인력은행, 지방 노동사무소 등을 찾아다녀 원하는 직업에 대한 정보를 얻거나 지원을 해야 하겠다.

자신을 PR 할 줄 알아야 한다.

현대를 자기 PR 시대라고 한다. 사회생활이 바빠지면서 많은 사람을 만나게 된다. 짧은 동안의 형식적인 만남이라 해도 자신에 대한 특별한 기억이 오래 남을 수 있도록 자신을 PR 하는 방법을 준비해야 한다. 특히 자기소개서나 면접에서 자신이 필요한 사람이라는 것을 인식할 수 있도록 겸손하면서도 튀는 방법으로 자기를 PR 할 줄 알아야 한다.

자신의 이미지 관리가 중요하다.

사람은 첫인상에 의하여 모든 것이 결정될 만큼 이미지가 중요하다. 따라서 언제나 밝고 적극적인 표정 관리가 필요하기에 머리 모양과 옷차림, 화장 등이 이를 뒷받침할 수 있도록 해야 한다. 외양뿐만 아니라 마음에서 우러오

나는 예의 또한 첫인상에 큰 영향을 준다.

🌱 취업은
스스로 찾아오지 않는다.

직장은 기다린다고 자동으로 주어지는 것이 아니다. 직업을 가지기 위해서는 먼저 자신의 노력에 의하여 정보를 수집하고 직장에서 요구하는 자격조건을 갖추지 않으면 취업하기 어렵다. 현재 대기업에 취업하려면 명문 대학교를 나오지 않으면 취업이 쉽지 않다. 물론 지방대학이라도 특별한 실력을 갖추고 있다면 가능하다.

많은 젊은이가 일자리를 찾지 못하여 방황하고 있다. 여러 업체에 이력서를 내고 낙방을 경험한 자녀는 좌절감에 빠져 새롭게 도전하려는 의지를 잃어버리게 되는 경우가 많다. 이럴 때는 부모가 나서서 자녀의 일자리를 찾아 권하는 것도 바람직하다 하겠다.

자녀의 취업을 알아보고자 할 경우, 미취업자, 이직·전직 희망자들은 각종 취업 전문기관을 이용해 볼 만하다. 전국의 취업 전문기관들은 제각기 독특한 비법과 특성이 있어 이를 잘 활용하면 취업이 훨씬 쉬워질 것이다.

국내에는 노동부 산하 인력은행, 지방노동사무소, 고용안정센터를 비롯하여 한국산업인력공단 내 취업센터, 각 구청의 취업센터, 사설 취업전문기관, 무료 취업알선소 등 취업전문기관이 수를 헤아릴 수 없이 많다. 이중 대표적인 취업기관들을 소개하면 다음과 같다.

노동부 인력은행

전국 20개 주요 도시에 설치되어 있는 인력은행은 노동부와 지방 자치단체가 공동으로 설립·운영하는 취업전문기관으로 전문취업알선 및 직업상담에 중점을 두고 있다. 상담창구를 직종과 성별 및 구직자 특성(사무직, 기술직, 전문직, 단순노무직, 주부, 고령자, 장애인, 아르바이트 등)에 따라 구분·운영하므로 전문취업알선과 직업상담의 효율성이 다른 기관보다 높다. 특히 고령자(50세 이상)와 고령의 주부들을 위한 전담창구가 있어 담당직업 상담원들과 충분한 상담과 알선을 통해 신속하게 취업할 수 있다. 인력은행에서는 고용정보 자료실, 직업상담실, 공동면접장, 시청각 자료실 등 쾌적한 시설을 갖추고 있으며, 매주 인력은행별로 《취업정보》지를 발행하고, 특정한 요일을 정해 '구 인·구직 만남의 날' 행사를 개최하는 등 다채로운 취업정보제공 활동을 하고 있다.

노동부 취업알선 전산망은 전국의 지방노동사무소(46개 소), 인력은행(20개 소), 고용안정센터 (32개 소), 산업인력공단 각 지부, 각 시·군·구청 취업정보센터와 온라인으로 연결되어 있다. 따라서 각 기관에서 입력되는 구인·구직 정보량이 다른 취업알선기관과는 비교가 되지 않는 막대한 양일 뿐더러 체계적인 전산시스템으로 관리되고 있다. 마치 전국 은행의 입출금이 자유로운 것처럼 노동부 취업알선창구 어느 한 곳에 구직등록을 하면 다른 곳에 다시 하지 않아도 취업알선을 받을 수 있다. 인력은행이나 고용안정센터에서는 적성검사를 비롯하여 상세한 직업상담을 실시해 주는 등 각 기관별로 특성이 있으므로 자신에게 적합한 기관을 방문하여 정보를 얻는 것이 좋다.

인력은행은 노동부와 지방 자치단체가 취업알선과 직업상담에 중점을 두고
만든 취업전문기관이다. 현재 인력은행은 전국적으로 20여 개의 주요 도시
에 설치되어 있다. 특히 인력은행은 다른 취업전문기관과 달리 상담창구가
직종별 또는 구직자 특성별로 구분되어 있어 이들 각각에 맞는 취업상담이
가능하다. 분야별로 일반 사무인력 창구, 전문 기술인력 창구, 잠재인력 창
구로 나누어진다. 일반 사무인력 창구는 일반 사무, 경리·회계, 무역·영업 창
구로, 전문 기술인력 창구는 전기·전자, 전산, 건축, 기계, 기술 영업 창구로,
잠재인력 창구는 주부, 고령자, 장애인, 단순노무, 아르바이트 창구로 다시
세분화되어 있다.

인력은행의 고용정보실에서는 노동부나 각 취업전문기관에서 발행하는
취업정보지, 일간지, 단행본 등을 이용할 수 있고, 직업상담실에서는 무료로
직업 심리 검사, 직업 흥미 검사, 직업선호도 검사를 받을 수 있다. 또 인력
은행에 연결된 인터넷망을 통해 취 정보 검색과 기타 재취업교육과 관련된
정보를 빠르게 접할 수 있다.

지방 노동사무소

지방 노동사무소는 실직자나 취업 희망자들이 1차적으로 도움을 받을 수 있
는 기관으로 노동부 산하에 있다. 노동사무소는 담당지역이 일반 행정 구역
과 다르다. 담당 민원에 따라 담당지역이 거주지가 되기도 하고 사업장 소
재지가 되기도 한다. 따라서 취업, 실직 등 민원별 담당 노동사무소가 어디
인지를 정확히 아는 게 중요하다.

이곳에서는 취업알선 업무와 실업안정, 실업급여 지급, 직업훈련 등 고용보험 업무를 담당하고 있다. 실업급여 지급 대상자는 반드시 거주지 담당 지방 노동관서 내에서 구직등록을 해야 한다.

취업정보 센터

취업정보 센터는 행정 관청에서 운영하는 것으로 구직 희망자는 자신의 취업정보를 등록하고 구직에 대한 상세한 정보를 방문자에게 제공할 수 있다. 반대로 구인 희망 업체는 구인정보를 등록할 수 있으며, 구인 취업 상세 정보를 제공한다. 그 외에 취업 관련 사이트를 소개하고 있으며, 각종 취업 관련 도우미 안내 등을 제공한다.

이러한 활동을 통하여 취업정보 센터는 구직자에게는 취업 희망 직종에 적합한 구인 업체들의 상세 정보를, 구인 업체에 대하여는 채용 직종에 적합한 구직자 상세 정보를 종합하여 개인 또는 회사 E-mail이나 우편을 통하여 취업정보를 알려준다. 결국 취업정보 센터는 구직자에게는 보다 빠른 취업을, 구인 업체에게는 우수 인력을 조기에 확보하도록 안내하는 역할을 한다.

시군구 취업정보 센터(행자부 담당)

노동부 취업알선 전산망은 인력은행이나 각 지방 노동관서뿐만 아니라 시·군·구청 취업 보 센터에도 연결되어 있어 구직자의 거주지에서 가까운 시청, 군청, 구청에서도 구직등록 및 취업알선을 받을 수 있도록 하였다. 최근 서울시에서는 각 자치구에서 단편적인 정보를 제공하던 취업정보 센터에 전담요원으로 5-11명을 배치하고, 취업과 관련한 각종 행사를 개최하는 등 원스톱서비스 기능을 갖춘 취업정보은행으로 그 기능을 강화해 나가고 있다.

· 고승덕(2003). 포기하지 않으면 불가능은 없다. 개미들출판사

· 권영설(2005). 경제수명 2050시대. 서울: 거름

· 김규환(2001). 어머니 저는 해냈어요. 서울: 김영사

· 김도연(2003). 위성DMB 산업정책과 법제. 한국언론학회 춘계학술대회 발표논문

· 김성기 외(2002). 경영학자가 본 경영자 히딩크. 서울: 백년글사랑

· 김영석(2000). 디지털 미디어와 정보사회. 서울: 나남 출판사.

· 김용한(2004). 지상파DMB 서비스. 정보처리학회지 제11권 제5호.

· 김은지·조정식(2003). 마케팅 및 매체환경 변화에 대한 국내 매체 전문가 인식 및 광고회사
  대응 현황 연구. 광고학연구: 일반 제14권 제2호

· 김종래(2005). 칭기스칸(밀레니엄맨). 꿈엔들

· 벤자민 프랭클린 지음, 함희준 옮김(2006). 프랭클린 자서전 : 덕에 이르는 길. 예림미디어

· 서진규(1997). 나는 희망의 증거가 되고 싶다. 서울: 북하우스

· 스티븐 코비(1998). 성공하는 사람들의 7가지 습관. 서울: 김영사

· 실리아 샌디스 외(2004). 우리는 결코 실패하지 않는다. 서울: 한스미디어

· 원광연(1999). 디지털 문화예술의 발전에 대하여. 최혜실(편).《디지털 시대의 문화예술: 통합
  의 가능성을 꿈꾸는 KAIST 사람들》. 서울: 문학과 지성사.

· 유홍준(1993). 나의 문화유산답사기. 서울: 창작과비평사

· 이명훈(2000). 다매체시대 매체기획 이끌 창조적 소수 길러낼 때. 광고정보, 36-41.

· 이순원(2002). 아들과 함께 걷는 길. 서울: 해냄

· 르네 마보안·김위찬지음, 강혜구 옮김(2005). 블루오션전략. 서울: 교보문고

· 잭 캔필드·마크 빅터 한센(2003). 마음을 열어주는 101가지 이야기. 서울: 이레

· 장승수(1996). 공부가 가장 쉬웠어요. 서울: 김영사

· 전도근(2003). 자격증 이야기. 서울: 일진사

· 전도근(2004). 명강사가 되기위한 명강의 비법. 서울: 크라운 출판사

· 전도근(2004). 파워풀 프레젠테이션. 서울: 크라운 출판사

· 전도근(2004). 한방에 끝내는 취업전략 . 서울: 크라운 출판사

• 전도근(2005). 스피치 & 커뮤니케이션. 서울: 크라운 출판사

• 전도근·강무섭(2004). 청년실업 극복을 위한 취업능력 제고 방안. 한국직업능력개발원

• 전종섭(2006). 유소년기의 다양한 영어학습방법이 고급영어구사능력달성에 미치는 장기적 효과에 대한 연구

• 지경용(2005). DMB 서비스(차세대 디지털 컨버전스). 전자신문사

• 찰스 핸디 지음, 이종인 옮김(2001). 코끼리와 벼룩. 생각의 나무

• 통계청(2003, 2004). 인구조사 통계자료. 통계청

• 한국교육개발원(2004). 스스로 공부하는 아이가 21세기를 지배한다. 한국교육개발원

• 한국전산원(1999). 1999 국가 정보화백서. 용인: 한국전산원

• 한국전산원(2000). 2000 국가 정보화백서. 용인: 한국전산원